a cura di
**ROMINA AMICOLO**
*La violenza di genere
su donne e minori*

*Profili di Teoria Politico-Giuridica e
Pratica Psico - Socio-Assistenziale*

Ciclo di Seminari
*La tutela dei Minori*
Novembre 2012 – Gennaio 2013
Napoli

EDIZIONI **CIF** COMUNALE BENEVENTO

# INDICE

|  | pag. |
|---|---|
| *Introduzione* | 3 |

*La Violenza di genere: femminile, singolare!*
**Carmela Grimaldi**     10

*Gli strumenti del servizio sociale per donne e minori nel territorio beneventano*
**Giovanna Zollo**     43

*Violenza domestica: l'intervento delle Forze dell'Ordine*
**Pasqualina Usai**     87

*Profili giuridici di difesa dei diritti delle donne e dei minori*
**Romina Amicolo**     133

## *Introduzione*

*La violenza di genere su donne e minori. Profili di Teoria Politica-Giuridica e Pratica Psico-Socio-Assistenziale* è l'atto finale di un percorso di formazione, riflessione e ricerca, intrapreso dal Centro Italiano Femminile Comunale di Benevento, con la organizzazione e la direzione del Ciclo di Seminari sulla Tutela dei Minori.

Si è trattato di una serie di incontri che si sono svolti a Napoli dal 23 Novembre 2012 al 18 Gennaio 2013, a cadenza settimanale, con il sostegno organizzativo e didattico del Dipartimento di Scienze Politiche dell'Università degli Studi di Napoli "Federico II", dell'Ordine degli Assistenti Sociali della Campania e dell'Ordine degli Psicologi della Campania. Il carattere interdisciplinare del Corso ha consentito di approfondire le problematiche relative alla tutela dei minori da un triplice punto di vista: giuridico, psicologico e di scienze sociali. Queste tre differenti figure professionali sono in grado di favorire, attraverso un costruttivo confronto, la promozione di un dialogo tra sfere di competenza che, nelle aule giudiziarie come nell'ambito della pubblica amministrazione, molto spesso ostentano una reciproca indifferenza, talvolta per stemperare, dietro la pretesa ed oggettiva delimitazione delle esclusive inerenze, una malcelata conflittualità, fisiologica in un ambito, quale la tutela della donna e del minore, in cui il diritto non può prescindere dalla psicologia e quest'ultima non può ignorare le procedure dei servizi sociali.

La tutela dei minori richiede infatti, competenze e capacità specialistiche da parte delle diverse figure professionali coinvolte, giuridiche, politiche e socio-assistenziali. In tale ottica il ciclo di seminari ha perseguito gli obiettivi di:

1. promuovere una riflessione sulla questione della famiglia e della cura delle generazioni future nelle teorie della giustizia contemporanee, analizzando le sfide che il multiculturalismo presenta dal punto di vista della donna e soprattutto del diritto dei bambini ad un futuro aperto;

2. contribuire alla specializzazione delle figure professionali che intendano operare presso servizi, enti ed istituzioni competenti in materia,

3. aggiornare gli operatori già in servizio presso i servizi socio-sanitari e le istituzioni giuridiche e politiche.

4. formulare proposte legislative di riforma in materia di tutela delle donne e dei minori.

Il Programma del ciclo di seminari si è strutturato in quattro moduli:

I Modulo *I modelli interpretativi della minore età a confronto e la tutela dei minori nelle situazioni di pregiudizio;*

II Modulo *Problemi di legittimità e teoria dei diritti: l'affidamento familiare;*

III Modulo *Problemi di legittimità e diritto ad una famiglia sostitutiva: adozione nazionale e internazionale;*

IV Modulo *Il diritto ad un futuro aperto del minore straniero tra diritto speciale e protezione socio-assistenziale.*

Alla fase della formazione in aula ha fatto seguito, a partire dal mese di gennaio 2013, l'inizio di un percorso di riflessione e ricerca sul tema scelto della violenza di genere su donne e minori.

La pubblicazione conserva l'impianto interdisciplinare che ha caratterizzato il ciclo di seminari, nella convinzione che nella predisposizione di strumenti di prevenzione e repressione della violenza, non si possa prescindere da una considerazione unitaria della complessità di fenomeni, che non ammettono una soluzione monosettoriale, ma richiedono una considerazione unitaria, aperta al confronto. E così, facendo tesoro delle proprie esperienze professionali, ciascuna delle autrici, ha affrontato il tema della violenza di genere dal proprio punto di vista.

Alla considerazione dell'assistente sociale, che guarda alla difficoltà di inserirsi, nella sua attività professionale, in un rapporto familiare o di convivenza "difficile", si accompagna la considerazione dei profili psicologici, anche da parte di un operatore delle forze dell'ordine, chiamato ad applicare il diritto.

Al di là delle professioni, ci sono persone, donne, che nelle loro attività lavorative, sono chiamate ad assistere le vittime di violenza. Dalla descrizione del fenomeno nella sua complessità, si passa alle proposte, nella consapevolezza che è necessario un intervento strutturato, a tutela di donne e minori che, vittime di violenza, vedono calpestati e violati i loro diritti umani.

Questa pubblicazione vuole essere la testimonianza di un impegno delle donne, per le donne, che hanno trovato nel Centro Italiano Femminile Comunale di Benevento, un'associazione pronta a farsi interprete della loro esigenza di formazione continua e di riflessione, alla ricerca di soluzioni rispettose della dignità e della libertà delle donne e dei minori.

Un sentito ringraziamento va a Don Gaetano Papa Kilumba Ilenge, consulente spirituale del CIF Comunale di Benevento.

Dedichiamo questa pubblicazione alla Presidente del Cif Nazionale Maria Pia Campanile Savatteri, che, accordandoci la sua fiducia, ha consetito la conclusione dei lavori con questa pubblicazione finale.

Benevento, 14 agosto 2013

R. A.

## *La Violenza di genere: femminile, singolare!*
### di Carmela Grimaldi [*]

*"La violenza contro le donne è forse la violazione dei diritti umani più vergognosa.*
*Essa non conosce confini né geografia, cultura o ricchezza.*
*Fintanto che continuerà, non potremo pretendere di aver compiuto dei reali progressi verso l'uguaglianza, lo sviluppo e la pace".*
Kofi Annan
(Premio Nobel per la Pace 2001)

Il fenomeno della violenza sulle donne rimane ancora un problema irrisolto, nonostante i mutamenti sociali, i diritti acquisiti e le leggi varate in questi anni. La violenza di genere è stata definita dall'Organizzazione Mondiale della Sanità come un problema di salute

---

[*] Assistente sociale

pubblica che incide gravemente sul benessere fisico e psicologico delle donne e di tutti coloro che ne sono vittima.

La violenza, in tutte le sue forme e in tutti i contesti uccide più del cancro e degli incidenti stradali e produce un male permanente spesso invisibile e non dichiarato.

Riflettere sul "genere" femminile della violenza dal punto di vita sociale e morale è complesso. L'argomento richiede una ri-considerazione sui "valori della persona" e sui "ruoli sociali" degli uomini e delle donne.

L'Unione Europea nel 2000 ha proclamato (dal latino *pro* e *clamare* ossia "gridare") la *Carta Europea dei Diritti Fondamentali*[1]: si sono condivisi e "gridati" i valori comuni della dignità, libertà, uguaglianza, solidarietà, democrazia e stato di diritto.

La "persona", capace di agire con

---

1 Carta dei Diritti Fondamentali dell'Unione Europea (2000/C 364/01)

responsabilità, per godere dei propri diritti deve essere educata ad interiorizzarli come valori per il proprio bene, il bene della comunità e delle future generazioni.

Non si educa ai valori predicandoli o trasmettendoli, ma facendone fare esperienza: comportarsi in modo opposto non solo azzera la credibilità del valore stesso, ma anche tutto lo schema generale che si è proclamato!

Educare ai valori comporta all'uomo un dover essere: l'uomo deve essere abituato a porsi domande di significato e di valore.

La nostra società ha modificato il concetto di valore, questo dato ci provoca a un cambiamento.

I valori influenzano la capacità di scelta e l'orientamento dell'agire sociale.

L'uomo di questo secolo ha la possibilità di scegliere solo tra alternative di comodo (desideri artificiali ed irrealizzabili ma non sicuramente valori!) che lo rendono momentaneamente felice e soddisfatto ma che non lo gratificano come persona né lo pongono a fissarsi obiettivi consoni alla sua natura di uomo.

Si desidera "possedere" e la mancata soddisfazione del godere senza limiti, provoca una condizione di mancanza, di assenza, di vuoto.

Il desiderio di possedere in maniera esclusiva nutre il sentimento della gelosia. Il morso dell'amarezza si miscela a un dolore acuto, misto a rabbia che alimenta la passione per l'odio. L'odio è violenza!

Per restituire dignità alla persona dobbiamo essere capaci di agire con responsabilità, solo così possiamo rispondere alla "sfida" che l'attuale cultura ci pone intervenendo con efficacia su tutti quei fattori che sono alla base della violenza.

### *Una forma di violenza subita*
Ci sono varie forme di violenza che dipendono sia dalla cultura che dai

contesti.

Alcune forme di violenza fanno parte soprattutto di quella forma di violenza agita contro persone che hanno delle caratteristiche particolari che consentono il perpetrarsi di violenza fisica e psichica "gratuita": le donne e i minori.

Le donne troppo spesso si fanno carico dell'aggressività del loro partner e le drammatiche conseguenze si riversano anche sui figli minori che assistono e/o la vivono in prima persona.

La violenza sulle donne è in forte aumento ma la percentuale di donne che denunciano di essere state vittime di violenza risulta essere molto bassa. Sono moltissime le donne che hanno alle spalle storie di maltrattamenti ripetuti nel corso della loro vita.

Troppe poche donne denunciano e troppe donne subiscono la violenza.

La violenza sulle donne non è mai venuta meno nel corso della storia ma possiamo dire che una maggiore attenzione a ciò che riguarda l'essere persona, in termini di rispetto e di scelte, ha fatto sì che la questione della violenza emergesse in tutta la sua portata.

Abusi, maltrattamenti, menomazioni, fino all'assassinio avvengono nella maggior parte dei casi all'interno delle famiglie, dentro le mura domestiche, vale a dire nel luogo dove si concretizzano le più intense e ravvicinate relazioni e le cause sono da rintracciarsi proprio all'interno della cultura delle relazioni familiari e alle funzioni e ruoli inerenti i diversi componenti della famiglia.

Da sempre le donne sono state relegate al solo ruolo di moglie e madre[2].

Il tradimento veniva punito anche con l'uccisione della donna stessa (la legge

---

2 Gonzo L, De Ronchi D., *Violenza alle donne : la cultura dei medici e degli operatori: una indagine nella Azienda USL di Bologna*, 1997

consentiva il delitto d'onore); se la donna non assolveva al suo ruolo di madre, perché sterile o se non procreava figli maschi, poteva essere ripudiata.

Le lotte per il diritto al voto delle donne, i movimenti femministi, il divorzio, la legge sull'aborto, tutta la rivoluzione culturale che ha riguardato la donna non è stata compensata da una altrettanto rivoluzione culturale del ruolo dell'uomo.

La donna ha iniziato a "mettere il naso" fuori dalle mura domestiche rivendicando ruoli nei vari settori della società che erano ad esclusivo appannaggio degli uomini.

La donna ha destabilizzato tradizioni e costumi mentre l'uomo è rimasto rigido nel suo ruolo di marito e padre vedendo al tempo stesso vacillare questa sua posizione "naturale"!

Unica difesa dell'uomo è quella di far nascere nella donna dei sensi di colpa, farla trovare nella difficoltà di barcamenarsi all'interno di ruoli diversi (casa, famiglia, lavoro, impegno sociale): un vortice difficile ed estremamente faticoso da gestire e portare avanti.

Una delle cause del silenzio delle donne rispetto alle violenze subite è la fragilità circoscritta al ruolo che la donna riveste all'interno della relazione di coppia o familiare, che la fa sentire in colpa, la rende vulnerabile e sceglie di subire la violenza come il giusto prezzo da pagare.

Quante donne dichiarano: " me lo sono meritato!"

La donna, "invadendo" gli spazi storici che l'uomo ha sempre inteso in suo possesso, ha alimentato la passione per l'odio. In questo contesto di relazione distorta e confusa, l'odio si manifesta nei termini di gelosia: l'altro viene odiato perché mi deruba di qualcosa del mio essere nato uomo.

La violenza diviene il solo mezzo per eliminare il rivale anche se amato o forse troppo amato e del quale non se ne può fare a meno.

Amore e odio: passioni estremamente labili e quando il limite decade se non prevale l'amore prevale l'odio.

Quando l'Altro viene considerato solo come l'oggetto da consumare e da godere in maniera totale ed esclusivo, diventa "oggetto" da eliminare.

Ancora oggi non è stato possibile individuare il tipo del maltrattatore: non sono determinanti né razza, né età o condizioni socioeconomiche o culturali.

I maltrattatori non rientrano in nessun tipo specifico di personalità o di categoria diagnostica.

Credere che il maltrattamento sia connesso a manifestazioni di patologia mentale ci aiuta a mantenerlo lontano dalla nostra vita, a pensare che sia un problema degli altri e questo, spesse volte, giustifica e assolve il maltrattatore.

La paura, la dipendenza economica, l'isolamento, la mancanza di alloggio, la riprovazione sociale spesso da parte della stessa famiglia di origine, sono alcuni dei numerosi fattori che rendono difficile per le donne interrompere la situazione in cui si trovano.

La violenza maschile sulle donne non può essere più trattata come una questione privata ma sociale, educativa e politica perché rappresenta un fenomeno di pericolosità per donne e figli.

Assistere alla violenza di un genitore nei confronti dell'altro crea confusione nel mondo interiore dei bambini su ciò che è affetto, intimità, violenza e va a minare il cuore delle relazioni primarie.

L'esposizione alla violenza intrafamiliare è un grave trauma per i bambini e le bambine ed è il principale fattore della trasmissione intergenerazionale della violenza[3].

Il termine "intrafamiliare" sembra

---

3  Montecchi F. , *I maltrattamenti e gli abusi sui bambini*, Franco Angeli, Roma, 1994

complicato, ma la realtà che descrive è tanto semplice quanto drammatica.

Si parla di bambini, testimoni di violenze familiari, che senza un aiuto sociale e psicologico adeguato rischiano di diventare adulti violenti come i loro genitori o loro stessi vittime di altra violenza in futuro.

I danni che ne derivano sono gravi.

Purtroppo l'esistenza e la gravità di queste situazioni vengono ancora molto sottovalutate, sia dal punto di vista del riconoscimento sociale del fenomeno che sotto il profilo della necessità di interventi adeguati di tutela e cura.

Fra le mura domestiche questi bimbi sono molto taciturni, soprattutto in presenza del padre, proprio perché cercano di evitare di assumere qualsiasi atteggiamento che possa dar vita ad una lite.

Non avendo forza fisica, né le capacità di farsi ascoltare, preferiscono tacere, pensando che questa, possa essere la soluzione migliore per evitare di incappare nell'ennesima violenza.

Il senso di colpa li spinge a pensare di essere parte in causa del problema, non riescono a distinguere o comunque a ragionare lucidamente sulle cause che fanno scaturire il litigio.

La madre assume una posizione particolare nella mente del bambino, colei che dovrebbe proteggerlo, non è quasi mai in grado di farlo.

Spesso, non è la regola, ma accade, che molti genitori ricoprano di regali il figlio, paradossalmente il senso di colpa viene raggirato, non con le coccole ed il dialogo, ma "comprando" il bambino, la sua paura, ed il suo silenzio: un gesto che per il bambino non rappresenta nessuna fonte di tranquillità emotiva, ma solo un'illusione d'amore.

Di fronte a questo fenomeno così complesso e difficile, c'è bisogno di pensare insieme, avendo il coraggio di fermarsi ed interrogarsi nel modo più profondo.

Compito della società è quello di riflettere per trovare nuove direzioni, non riproponendo ciò che è stato ma inventando ciò che ancora non è.

## *La dinamica della violenza*
La violenza domestica in qualsiasi forma si esprime, che includa tutte quelle su esposte o solo qualcuna di esse, tende a manifestarsi in forma ciclica. Uno dei modelli interpretativi più usati per descrivere ed analizzare le modalità con le quali la violenza prevalentemente si attua, con fasi cicliche abbastanza tipiche che si ripetono in un crescendo di intensità e pericolosità è Il ciclo della violenza .

Il ciclo inizia con una fase di tensione durante la quale l'abusante è convinto di essere irritabile a causa di preoccupazioni o difficoltà del quotidiano. In questa fase la violenza non si manifesta in maniera diretta ma trapela dai silenzi ostili, dalle occhiate aggressive, dal tono irritato, ecc. La donna avverte la tensione e si blocca, cerca di essere gentile, di calmare le acque, di prevenire gli scontri (il cosiddetto *camminare sulle uova*). L'uomo invece ritiene la donna responsabile di ogni frustrazione e stress della propria vita. Ovviamente i motivi che avanza sono un semplice pretesto e non possono in alcun modo giustificare la violenza Quindi il ciclo segue con la fase dello scoppio della violenza. In questa fase l'abusante dà l'impressione di perdere il controllo su sé stesso: urla, insulta, minaccia quindi aggredisce fisicamente la compagna con spintoni, braccia torte, schiaffi, pugni, ecc.

La paura impedisce alla donna di reagire. Può protestare ma non si difende, prova tristezza e senso di impotenza. In ogni caso ogni reazione irosa aumenta la violenza del partner così che la donna non ha altra via che la sottomissione.

Lo scoppio della violenza è seguito

dalla fase delle scuse e della falsa riconciliazione.
L'abusante si pente e cerca di minimizzare il proprio comportamento.
Il rimorso provato diventa una sensazione sgradevole della quale l'uomo prova a disfarsi trovando una spiegazione che lo discolpi. La cosa più semplice è attribuire la responsabilità di quanto è accaduto alla compagna che, secondo lui, lo avrebbe provocato, che avrebbe tenuto o non tenuto un comportamento che giustifica la violenza. L'obiettivo è far sentire la donna in colpa. Quest'ultima finirà col credere che stando più attenta o modificando il proprio comportamento potrà evitare la violenza.
L'abusante chiede perdono, giura che non succederà più, che smetterà di bere o di usare sostanze stupefacenti, se la donna va via, contatta familiari ed amici affinché la convincano a ritornare da lui.
Si mostra premuroso e attento,

innamorato, offre regali e fiori, invita al ristorante. Questo cambiamento momentaneo è giustificato dalla paura dell'abbandono da parte della compagna. La donna crede alle promesse e ricomincia a sperare che lui tornerà ad essere l'uomo capace di attrarla quando si sono conosciuti (*la luna di miele*). Il ciclo della violenza può così ricominciare…

## *Perché è difficile uscire da una relazione violenta*

Chi viene a conoscenza nel giro dei propri amici o conoscenti o per compiti professionali dell'esistenza di una relazione violenta si chiede come sia possibile che si possa restare nella relazione per anni ed anni. In realtà è difficile uscire dalla violenza:
• perché la violenza si sviluppa in una relazione affettiva ed ha un andamento ciclico
• perché la violenza, soprattutto se protratta negli anni, produce effetti

devastanti e distruttivi che determinano l'impossibilità di ribellarsi
• perché quando una donna decide di lasciare il partner violento la situazione tende a diventare più pericolosa, aumenta la frequenza e la gravità degli episodi violenti
• perché la donna non ha un'indipendenza economica e per questo teme che possano toglierle i figli oltre ad andare incontro a situazioni disastrose da un punto di vista economico
• perché la rete sociale e familiare non offre abbastanza risorse

*I miti e gli stereotipi*
Miti quotidiani sminuiscono la gravità della violenza domestica. Pregiudizi ed opinioni presenti nella società quali "In ogni coppia si litiga", "Era sotto stress", "È violento solo quando beve" portano a non prendere sul serio la violenza.
La conseguenza è che l'operato

dell'uomo violento viene giustificato e che la colpa ricade sulla vittima. Questi miti e pregiudizi circolano ancora nella società, nonostante le scienze sociali si occupino ormai da più di venti anni del fenomeno della violenza domestica. Essi ostacolano le donne vittime di violenza nel parlarne e impediscono un aiuto adeguato. Di conseguenza le donne arrivano ad addossarsi la colpa per la situazione e evitano di scoprirsi.
Qui di seguito si riportano i miti/pregiudizi principali che (ancora) circolano nella società sulla violenza contro le donne:
Si tratta solo di litigi familiari, non è violenza. Una differenza fondamentale tra violenza e conflitto sta nella posizione delle persone coinvolte. Nel conflitto abbiamo un conflitto di interessi tra due persone allo stesso livello. Appena vi sia un rapporto di potere e dipendenza tra le parti in conflitto e se una persona utilizza altri mezzi quali la forza fisica o armi per

affermare i propri interessi,si parla di violenza. Gli atti violenti sono reati. La violenza è una lesione dei diritti umani e un'ingiustizia sia in ambito pubblico che privato.

La violenza contro le donne riguarda solo le fasce sociali svantaggiate e le famiglie problematiche.

In realtà è un fenomeno che riguarda molto di più la realtà che la patologia e tocca donne di tutti ceti sociali. La violenza contro le donne avviene in ogni paese, attraversando tutte le culture, classi e classi e paesi di origine, senza differenze dipendenti dal grado di istruzione, di reddito e di età.

Le donne provocano la violenza. Questa impostazione colpevolizza le vittime di violenza e trascura la responsabilità dell'autore della violenza.

Le donne riferiscono che non riescono ad influenzare in alcun modo il comportamento violento dell'autore e che subiscono maltrattamenti indipendentemente dal fatto se si siano adattate alle richieste del partner.

La violenza verso le donne è causata dall'assunzione di alcool e droghe, da problemi psichici, dalla perdita di controllo. È dimostrato che: alcool e droghe non sono cause dirette della violenza, ma sono elementi che possono abbassare i freni inibitori della persona violenta. È importante osservare le due problematiche della violenza e della dipendenza in modo separato.

Gli uomini violenti sono stati vittime di violenza nell'infanzia.

Può succedere che gli uomini violenti abbiano a loro volta subito nell'infanzia violenza.

L'esperienza della violenza costituisce un fattore di rischio per un futuro uso della violenza.

### *La mercificazione del corpo femminile*
Altro aspetto della violenza di genere è la prostituzione. Parlare di prostituzione

oggi, vuol dire ragionare sui rapporti di potere, sulle relazioni tra i generi, sulle disuguaglianze sociali ed economiche che caratterizzano gli attori coinvolti.

Occuparsi della prostituzione così come ci si occupa della violenza è una buona idea. Essa si fonda sullo stesso dislivello di potere tra uomini e donne, sui meccanismi che regolano ancora oggi i rapporti uomo donna: il potere sempre nelle mani negli uomini!

La prostituzione è sempre una violenza dell'uomo sulla donna, anche quando questa afferma di essere consenziente.

Si parla di una prostituzione prodotto di una libera scelta e di una prostituzione prodotto dello sfruttamento criminale. Si tollera la prima ma solo perché viene mal interpretata la libertà sessuale della donna: sappiamo perfettamente che la violenza tollerata dalla donna non è scelta realmente libera ma condizionata.

La prostituzione va affrontata come un fenomeno culturale al pari della violenza, essa investe donne e minori e vede come protagonisti e attori gli uomini; essa va quindi combattuta, al pari della violenza con un ampio progetto culturale e con interventi diversificati.

Gli abusi e le violenze che le donne patiscono agli occhi di molti, che preferiscono non vedere, sembrano libere scelte solo perché molte donne, che vivono la violenza, hanno la necessità di pensare che non stanno subendo la violenza per evitare di sentirsi sminuite e considerate oggetti d'uso.

Nella prostituzione la donna ha sempre un ruolo fisso è colei che vende ed i clienti, i cosiddetti utilizzatori finali, sono sempre maschi, senza possibilità di inversione dei ruoli[4].

---

4 Luberti R., *L'esperienza di un gruppo di self-help per donne vittime di abuso sessuale durante l'infanzia e l'adolescenza*, in C. Roccia e C. Foti, *L'abuso sessuale su minori: educazione sessuale, prevenzione, trattamento,* Unicopli, 2006 Milano

La prostituzione, come la violenza, va prevenuta con l'educazione al rapporto tra i sessi.

Educazione finalizzata alla parità ed al rispetto e quindi anche alla relazione sentimentale in cui corpo e psiche non siano separati e dove il sesso non sia considerato solo un atto biologico e la donna un puro strumento di piacere. La logica sessuale che sta alla base della prostituzione è la stessa alla base dello stupro: utilizzare la donna a fini personali senza alcun interesse alla relazione.

Per quanto riguarda i rischi ed i danni alla salute, questi sono tutti gravi, e non sono solo legati alle malattie sessualmente trasmesse, o ai molteplici esiti della violenza fisica che spesso si associa alla prostituzione, o all'omicidio (molto si è parlato del femminicidio in questi ultimi tempi e le prostitute hanno dato sempre anche un loro contributo a questo fenomeno), ma vi sono anche i rischi psicologici. Le donne che si prostituiscono vendono una merce particolare: parti sensibili e delicate del proprio corpo. Vendere il corpo significa cederlo come oggetto di godimento altrui inibendo il proprio; questi meccanismi ripetuti nel tempo a lungo andare possono creare disagio nella vita quotidiana, nella relazione sentimentale ed affettiva.

## *Quando i minori assistono alla violenza*

Non si impara ad amare se non si ha un'esperienza, qualitativamente e quantitativamente sufficiente, di amore ricevuto.

È sconvolgente e traumatizzante per il bambino non solo vedere la violenza, sentire il rumore delle percosse, gli oggetti che si rompono, le voci alterate, gli insulti e le minacce, ma anche sapere che certe cose avvengono, constatarne gli effetti vedendo mobili e oggetti distrutti, venire a conoscenza degli effetti fisici del maltrattamento sul familiare, percepire la sofferenza, la disperazione, la tristezza, l'angoscia, lo stato di allerta delle vittime.

Assistere alla violenza di un genitore sull'altro crea confusione nel bambino come nell'adolescente, minando il legame di attaccamento tra figli e genitori[5].

Sistemi di comunicazione familiare violenti educano alla violenza: coloro che assistono alle violenze non sono in grado di comprendere la situazione e questo li porta ad equivocare sulle cause degli scontri tra i genitori, attribuendole, molto spesso, al proprio cattivo comportamento.

Cercano di trovare da soli delle risposte, arrivando a una propria elaborazione cognitiva ed emotiva del conflitto.

Il conflitto porta il minore (in modo

---

5 Roia F., *La violenza morale sul minore nelle coppie separate*, in *Maltrattamento e abuso all'infanzia*, Vol. 2 n. 3, F. Angeli, Milano, Dicembre 2000

diverso a seconda dell'età e delle capacità cognitive e affettive) a porsi 3 domande:
1. Ciò che sta succedendo fa parte della routine o è meritevole di attenzione: è grave e
pericoloso?
2. Perché è successo?
3. Devo fare qualcosa? Devo intervenire?
I bambini esposti a violenza domestica si sentono in colpa perché credono di essere i responsabili della violenza perché "cattivi", credono di poter intervenire nel cercare di risolvere la situazione: provano paura, rabbia, terrore, confusione, impotenza. Apprendono che l'uso della violenza è normale nelle relazioni affettive e che l'espressione dei sentimenti, dei pensieri, delle emozioni, delle opinioni è pericolosa in quanto può scatenare la violenza. A volte mettono in atto comportamenti volti a calmare il maltrattante. Possono così assumere

atteggiamenti compiacenti e dire bugie, imparare a dare ragione a uno o all'altro genitore a seconda delle circostanze. Queste assunzioni di responsabilità eccessive e non consone all'età, fa sì che i bambini possano imparare ciò che gli altri vogliono, non come loro in realtà si sentono.

Negli adolescenti si riscontra una più alta incidenza di comportamenti devianti e delinquenziali, rapporti sentimentali incentrati sulla violenza a causa dell'apprendimento di modelli relazionali distorti e di disturbi a livello emotivo e comportamentale, uso di sostanze stupefacenti, violenze sessuali. Possono sviluppare forti vissuti depressivi che a volte culminano in atti suicidari.

Assistere alla violenza ha risvolti dannosi non solo a breve e medio termine, ma anche nella vita adulta. Le conseguenze possono essere molto gravi e preoccupanti specialmente quando la difesa per la sopravvivenza si rivela inefficace e si esaurisce la forza vitale: i bambini, i ragazzi, gli adolescenti diventano "spenti", delusi del mondo, disinteressati alla vita, isolati, privi di ideali e di speranza perché le persone coinvolte sono proprio i genitori, ovvero le figure che in realtà dovrebbero prendersi cura di lui.

La cura e la prevenzione non possono che basarsi su una risposta d'amore, l'unica capace di portare il cambiamento.

Non basta che una legge, come la 184/83, affermi il diritto dei minori ad essere amati e imponga gli strumenti che garantiscono il rispetto dei diritti del bambino (per esempio adozione, affido, in luogo di abbandono in istituto): nessuna legge può obbligare ad amare[6].

Anzi è vivo, palpabile e concreto il rischio che la "legge del più forte"

---

6 Moro A. C., *Manuale di diritto minorile*, Zanichelli, Bologna, 1996

condizioni l'uso di questi strumenti trasformandoli in nuove e più traumatiche occasioni di violenza.

È necessario quindi che i bambini e i ragazzi abbiano qualcuno, tra gli adulti, che stia dalla loro parte nella lotta che affrontano per la propria sopravvivenza e la loro crescita.

### *Interventi a contrasto della violenza*
*"Se liberi la luna, che è nascosta in te,*
*essa illuminerà cielo e terra,*
*e la sua luce caccerà le ombre*
*dall'universo.*
*Se tu capissi questa cosa soltanto*
*allora capirai tutte le cose."*

Hyegok

Diverse e svariate sono le iniziative di prevenzione e di educazione riguardo al fenomeno della violenza di genere. Dovunque sono presenti e si sono rafforzate iniziative di prevenzione e di educazione.

Ma cosa occorre fare ancora affinché il

fenomeno possa decrescere?
Comunicazione e sensibilizzazione sembrano essere finora i soli interventi attuati, ma da soli non bastano.
Coinvolgere e costruire una rete tra pubblico, privato sociale e volontariato è in fase di attuazione.
Che altro fare allora?
Necessita adottare un linguaggio, una metodologia, azioni e strategie comuni. Uniformare le risposte!
In termini sociali ed educativi sarebbe auspicabile intervenire promuovendo un'inversione di tendenza attraverso azioni e prestazioni rivolte ai minori.

· Realizzare un concreto e reale accompagnamento educativo che tenga conto della centralità della persona e che operi per il bene della persona stessa rispettando la dignità di ogni essere e della propria esistenza.

· Facilitare il potenziamento di emozioni positive, contenere emozioni negative, quali rabbia,
paura, sensi di colpa e le altre difficoltà

emotive.

· Reindirizzare le vittime ad un mondo di valori concreti, comuni e condivisi.

È importante rivolgersi ai minori e contemporaneamente offrire una consulenza e un percorso di accompagnamento condiviso col genitore-vittima al fine di proporre e diffondere una nuova cultura della persona e una forma di dialogo costruttivo e di sostegno.

Il percorso di elaborazione della violenza subita non è semplice.

È la relazione familiare che deve essere presa in carico: rivolgersi al maltrattante e supportare le vittime.

Per dare un volto di speranza al fenomeno è necessario rivolgersi anche al maltrattante che spesse volte viene assolto o giustificato non solo dalla vittima ma dall'ambiente e dalla società.

Proporre esperienze di vita che dimostrino che l'individuo non è governato da istinti ma è

fondamentalmente dipendente da risorse emozionali e che la sua caratteristica fondamentale è la libertà.
Libertà che non significa fare ciò che si vuole (questo è libero arbitrio!), ma essere capace di fare scelte e di agire con responsabilità nel rispetto della propria e dell'altrui libertà.
Occorre prendere consapevolezza che la violenza nelle varie forme e in tutti i contesti è una modalità distorta attraverso la quale gli individui che si credono più forti attuano la loro autorealizzazione.
Le loro vittime sono persone "fragili" e ciò che è fragile si può rompere a meno che l'imballaggio che lo ricopre non riesca a proteggerlo e a renderlo meno vulnerabile, limitando le probabilità che si rompa; se questi fattori di protezione vengono meno, la fragilità diventa una condizione di rischio.
Le iniziative devono garantire alle vittime una possibilità di ri-costruire il loro futuro.

Educare ai valori comuni, alle differenze di genere e alla parità dei ruoli, sensibilizzare le donne a denunciare gli autori della violenza, educare ad amare senza dipendenze e senza creare dipendenze, supportare le vittime di violenza ma soprattutto formare al linguaggio comune le figure professionali che entrano in contatto con coloro che hanno subito violenza.

La violenza pone in discussione in modo esplicito la libertà e l'autodeterminazione della donna.

L'universo femminile è dominato dalla luna, fonte dell'immensa energia che ogni donna può imparare a liberare e controllare solo se diventa realmente consapevole della grandezza della sua meravigliosa capacità di generare e donare la vita!

## *Gli strumenti del servizio sociale per donne e minori nel territorio beneventano*
### di Giovanna Zollo[*]

Le trasformazioni della famiglia, del ruolo che esercita nel sistema sociale, della pluralità dei modelli in essa rappresentati, sono oggetto di interesse della sociologia, della psicologia, dell'economia, e di numerose altre scienze.

La politica sociale, dopo le importanti riforme degli anni '70, sembra di nuovo attenta a questo "soggetto sociale" che sta dimostrando notevole dinamicità e potenzialità.

La "legge quadro per la realizzazione del sistema integrato di interventi e servizi sociali" n. 328 dell'8 novembre 2000 si colloca in un vuoto legislativo italiano di cento anni. Con tale legge viene stabilito che, in applicazione del principio di sussidiarietà in senso

---

\* Assistente sociale

verticale, la programmazione e l'organizzazione del sistema integrato degli interventi e dei sevizi sociali appartengono agli Enti locali.

La legge quadro sul sistema integrato degli interventi e servizi sociali definisce le politiche sociali come "politiche universalistiche", rivolte alla generalità degli individui, senza alcun vincolo di appartenenza e mirati ad obiettivi di "ben-essere" sociale mediante la promozione delle possibilità di sviluppo della persona umana piuttosto che attraverso l'erogazione di prestazioni e servizi.

Si tutela quindi il diritto a "stare bene" e a sviluppare e conservare le proprie capacità fisiche e relazionale, riconoscendo e coltivando le proprie risorse personali per una vita attiva all'interno della società, di cui si è parte, volta alla creazione di una diffusa "solidarietà sociale".

Le politiche sociali mirano ad accompagnare l'individuo e le famiglie lungo l'intero percorso della loro vita partendo dal "normale disagio", legato alle condizioni di vita attuale, nella quale <<tutti i cittadini possono avere bisogno di aiuto in certi momenti della loro vita. E quindi, se l'obiettivo è la promozione del benessere e la coesione sociale, le politiche sociali devono essere politiche di aiuto alla normalità della vita delle persone, e non solo politiche che aiutano le situazioni di crisi e i disagio>>. Tra gli strumenti pensati si fa riferimento al sostegno e alla promozione delle capacità individuali e delle reti familiari.

La realizzazione delle politiche sociali previste dalla legge 328/00 richiede la condivisione, da parte di tutti gli attori sociali, di un profondo cambiamento culturale della società nel suo complesso.

Viene proposto un sistema in cui il cittadino non è solo utente, le famiglie non sono solo portatrici di bisogni, la rete dei servizi non si rivolge solo agli ultimi, l'assistenza non è solo il sostegno economico, l'approccio non è solo riparatorio, il sapere non è solo professione, gli interventi sociali non sono opzionali.

Il nuovo approccio degli intereventi integrati deve essere progettato, realizzato e valutato a livello locale al fine di promuovere la partecipazione attiva di tutte le persone, incoraggiare, valorizzare e sviluppare le esperienze aggregative, assicurare i livelli essenziali in tutte le realtà territoriali, potenziare i servizi alla persona, favorire il più possibile la diversificazione e la personalizzazione degli interventi, valorizzare le professioni sociali, promuovere la progettualità verso le famiglie e prevedere un sistema allargato di governo il più vicino possibile alle persone.

Nello specifico, quanto sopra esposto si sviluppa lungo una "direttrice" di riforma che viene così caratterizzata ed

esplicitata:
- Da interventi categoriali ad interventi rivolti alla persona e alle famiglie;
- Da interventi prevalentemente monetari ad un insieme integrato di trasferimenti monetari e servizi di rete;
- Da interventi disomogenei a livello inter e intra regionale, a livelli essenziali su tutto il territorio nazionale;
- Da prestazioni rigide, precodificate a prestazioni flessibili e diversificate, basate su progetti personali;
- Dal riconoscimento del bisogno di aiuto all'affermazione del diritto all'inserimento sociale;
- Da politiche per contrastare l'esclusione sociale a politiche per promuovere l'inclusione sociale.

Per fare compimento a questo imponente progetto di riforma delle istituzioni pubbliche e private, degli operatori e dei cittadini, la legge 328/00 prevede che la realizzazione degli interventi e ei servizi sociali venga attuata attraverso sistemi di programmazione, progettazione, verifica e valutazione dei risultati ai vari livelli istituzionali (nazionale, regionale e di zona) che pongano l'integrazione per materie e per soggetti quale metodo per operare. [7]

Sulla base di tale legge si pianifica quello che è il Piano Nazionale degli Interventi 2001-2003. gli obiettivi prioritari del Piano Nazionale sono cinque e sono riferiti alle Macro Aree:

- La valorizzazione ed il sostegno delle responsabilità familiari;
- Il rafforzamento dei diritti dei minori;
- Il potenziamento degli interventi a contrasto della

---

[7] Bartolomei A., Passera A.L., *L'Assistente Sociale,* Edizioni CieRre, 2005, pag 235-245

povertà;
- I servizi domiciliari per persone non autosufficienti (in particolare anziani e disabili gravi);
- Altri obiettivi di rilevanza sociale tra i quali l'inserimento degli immigrati, la prevenzione delle droghe e l'attenzione agli adolescenti.

Il primo obiettivo, rivolto alla valorizzazione e sostegno delle responsabilità familiari, prevede la promozione, il sostegno e la valorizzazione delle capacità personali e delle responsabilità genitoriali, il sostegno alle pari opportunità specie in riferimento all'abbandono del lavoro da parte della donna a causa delle responsabilità familiari che la stessa si assume.

Nel secondo obiettivo relativo al rafforzamento dei diritti dei minori i Piano prevede di consolidare e

rafforzare la promozione dei diritti, attraverso invententi per l'infanzia, l'adolescenza ed a sostegno dei minori, individuando nel "Piano territoriale di intervento per l'infanzia e l'adolescenza" (legge 285/97 art. 2, comma 2) lo strumento strategico per la costruzione, il consolidamento e la qualificazione di tali politiche.
Queste tipologie di interventi rientrano tra i livelli essenziali di prestazioni sociali che possono essere erogate attraverso beni e servizi, nel Piano viene affermata l'esigibilità di questi interventi riconosciuti come diritti per l'infanzia e l'adolescenza.[8]
La legge quadro attribuisce ai Comuni, alle Regioni e allo stato il compito di promuovere azioni per favorire la pluralità di offerta dei servizi, garantendo il diritto alla scelta fra gli stessi servizi e, in via sperimentale, la possibilità di scegliere di accedere ai sevizi in

---

8  *Ibidem*, pag 248-250

alternativa alle prestazioni economiche.
Nell'ultimo decennio numerose regioni, prendendo spunto dall'esperienza e dalle sperimentazioni innovative di enti locali e di unità sanitarie locali, hanno disciplinato – attraverso leggi di riordino, piani socio-assistenziali, piani sociali e piani socio-sanitari – il settore dei servizi sociali, anticipando la legge di riforma e il piano nazionale che essa prefigura.
Dall'analisi delle normative regionali emerge un quadro variegato di interventi e sevizi sociali, sia intermini di denominazioni che di prestazioni erogate, si trae il seguente elenco di interventi, servizi sociali e socio-sanitari:
- Affidamento familiare
- Aiuto personale
- Asilo nido, nido d'infanzia
- Assistenza domiciliare e assistenza domiciliare integrata

- Assistenza economica
- Assistenza socio-educativa
- Emergenza e pronto intervento assistenziale
- Informazione e segretariato sociale
- Integrazione scolastica
- Promozione sociale
- Centro di accoglienza
- Centro antiviolenza
- Centro di aggregazione giovanile
- Centro socio-educativo
- Comunità educative
- Gruppo appartamento
- Gruppo di mutuo aiuto.[9]

Con l'approvazione della legge 328/00 di riordino dei servizi sociali, viene introdotto nei piani sociali regionali il Piano di Zona, cioè un accordo di programma con il quale i comuni

---

9 Maggian R., *Il sistema integrato dell'assistenza. Guida alla legge 328/00*, Carocci Editore, 2003, pag 182-183

associati di un determinato ambito territoriale, di intesa con l'ASL, prevedono la gestione unitaria del sistema locale dei servizi sociali di rete. Il Piano indica la necessità di coinvolgere i diversi soggetti che a vario titolo partecipano alla costruzione del sistema integrato di interventi e servizi sociali all'interno di tutte le fasi, dalla progettazione all'erogazione, alla valutazione delle politiche sociali.

L'obiettivo comune degli attori e dei soggetti che partecipano alla realizzazione dei Piani di Zona è di fatto, l'esigenza di superare la frammentazione degli interventi, coniugando le sinergie dei soggetti di un dato territorio attraverso il metodo della concertazione, facendo così emergere il profilo di un nuovo soggetto: il "soggetto collettivo" che dovrà imparare a condividere compiti e responsabilità e anche governare conflitti di interesse.

La predisposizione del Piano di Zona

comporta tre fasi di lavoro:
- Analisi dei problemi e dei bisogni, lettura delle risorse, individuazione dei soggetti che a diverso titolo sono interessati a questa programmazione;
- Individuazione dai contenuti del Piano e sua approvazione, stipula dell'accordo di programma;
- Avvio e gestione unitaria ed integrata, all'interno degli ambiti per la gestione dei servizi sociali.

Spetta ai sindaci di tutti i Comuni che aderiscono all'ambito territoriale sociale, definire le scelte politiche, in particolare:
- Definire i termini di programmazione
- Approvare l'accordo di programma
- Stabilire i contenuti degli accordi di programma
- Istituire l'Ufficio di Piano

Il Tavolo di Concertazione, costituisce il luogo dove si tengono gli accordi relativi alla L.328/00 in una logica di progettazione partecipata.

Il Tavolo sviluppa riflessioni circa la domanda di servizi/interventi alla persona, in particolare:
- L'analisi dei bisogni del territorio
- L'individuazione dei servizi già attivi a cui dare continuità
- La qualificazione della spesa

I soggetti che partecipano al Tavolo di concertazione sono: Comuni, Provincia, Comunità Montana, ASL, Istituzioni Scolastiche, soggetti del Terzo Settore, Organizzazioni Sindacali.

Il Tavolo Tecnico svolge la funzione di regia operativa del processo di elaborazione del paino.

Dopo l'approvazione del Piano Sociale di Zona, il Tavolo Tecnico viene sostituito dall'Ufficio di Piano che per conto di tutti i Comuni presidia le attività connesse alla gestione dei

servizi previsti nel Piano di Zona.
A tale ufficio spettano in particolare le seguenti funzioni:
- Facilitare i processi di integrazione tra i comuni
- Definire e perfezionare la progettazione esecutiva, per dare attuazione a tutti gli interventi previsti dal piano di zona
- Preoccuparsi della gestione delle risorse.

I Comuni e le ASL sottoscrivono l'Accordo di Programma per l'assunzione di impegni puntuali, di carattere finanziario, organizzativo e gestionale.

Il Pino di Zona è lo strumento principale delle politiche sociali, che serve a costruire un sistema integrato di interventi e servizi.

Integrato, perché deve mettere in relazione servizi che si offrono in strutture, servizi domiciliari, servizi territoriali, prestazioni singole, iniziative non sistematiche, sia che siano rivolte alla singola persona sia alla famiglia.

Integrato, perché deve coordinare politiche sociali, sanitarie, educative, formative, del lavoro, culturali, e cioè: come, dove e chi il sistema nel suo complesso assiste, si prende cura, riabilita, educa, forma, orienta e inserisce al lavoro, offre occasioni di cultura e di socialità, offre una città e un'abitazione vivibile e adeguata.

Integrato, infine, perché deve far collaborare e lavorare, in ,modo coordinato ed efficace per i cittadini, soggetti istituzionali e non, pubblici e provati.

Con il piano di zona, inoltre, si è passati da una politica di goverment (governo dell'ente pubblico, in modo gerarchico) ad una politica di governante (esercizio del governo che per raggiungere i suoi obiettivi, ricorre al coordinamento e al coinvolgimento di vari enti e soggetti).

Il Comune ha la necessità di una valutazione articolata poiché è titolare e responsabile della programmazione sociale. Le priorità valutative riguardano: il monitoraggio e la valutazione in itinere ed ex post dei servizi consolidati e progetti innovativi previsti dal Piano di Zona; valutazione della qualità per iniziative sperimentali e progetti strategici; analisi delle spese sostenute in relazione a quelle previste e ai risultati ottenuti. In tal modo vengono elaborati dei feedback migliorativi per i programmi attuativi del Piano di Zona e la successiva edizione dello stesso. [10]

Il decreto legislativo n 112/98 ha precisato che sono attribuite ai Comuni, che le esercitano anche attraverso le Comunità Montane, le funzioni operative di assistenza sociale e la realizzazione della rete dei servizi

---

10 Materiale didattico a cura del docente dott.ssa Anna Pagnotta *"Laboratorio di preparazione al tirocinio"*.

sociali.
La medesima disposizione di legge ha, poi, previsto che le Regioni deleghino ai Comuni le attività in tema di:
- Minori, inclusi minori a rischio di attività devianti
- Giovani, intendendosi per tali tutti coloro che hanno compiuto i diciotto anni
- Anziani
- Famiglia
- Portatori di handicap
- Soggetti dipendenti da stupefacenti o alcool
- Invalidi civili.

La legge quadro, nel ribadire l'attribuzione delle funzioni suindicate, stabilisce che compito dei Comuni sia il rendersi punto di raccordo tra Enti, istituzioni e volontariato in materia di assistenza in modo tale da determinare l'intervento di rete voluto dalle norme vigenti realizzando così, il miglior rapporto tra costi e benefici, nell'ambito dei progetti di intervento elaborati.

Sottolineando, i compiti di programmazione, progettazione e realizzazione del sistema dei servizi sociali a rete, con indicazione delle priorità, concentrazione dell'utilizzo delle risorse finanziarie umane, ivi compreso il volontariato e le associazioni no profit, la normativa in esame attribuisce ai Comuni un ruolo determinante per la realizzazione dei suoi scopi.

E, ancora, è affidato all'Ente Comune il compito di promuovere, nell'ambito degli interventi di rete, lo sviluppo delle sensibilità sociali in modo da determinare l'attivarsi di processi di aiuto – aiuto in condizioni di reciprocità tra i cittadini.

Infine, sempre ai Comuni, è affidato il compito di autorizzare l'avvio dell'attività di strutture di accoglienza residenziali o semi residenziali vigilando, altresì, sulla loro attività.

Il Comune di Benevento e i relativi

Servizi Sociali, nell'ambito del Piano di Zona del 2006, ha offerto servizi e interventi per le diverse fasce della popolazione: anziani, minori, donne, soggetti con dipendenza, poveri. Nello specifico per donne e minori i progetti sono:

- Trasposto disabili: consente a ragazzi in età scolastica e no di andare a scuola e nei centri diurni integrati dove si svolgono attività di socializzazione
- Assistenza materiale e non solo alle famiglie: casi di minori a rischio che vivono in un contesto materiale e morale particolare, evitando gli allontanamenti dai nuclei familiari con un educatore a domicilio cercando di offrire orientamenti ai genitori per essere più responsabili. Solo in caso di necessità si allontana il minore in strutture adibite all'accoglienza

- Servizi di affido familiare: con corsi a singoli o a coppie che vogliono accogliere a casa propria un minore in difficoltà con un aiuto economico.
- Asili nido: a cui si accede attraverso un bando e si paga in base al reddito.

Per quanto riguarda l'ASL, gli strumenti utilizzati per la tutela di donne e minori sono l'Unitá materno infantile e il Consultorio Familiare. L'istituzione di consultori familiari è disciplinata dalla legge nazionale n. 405 del 1975.

La regione fissa, con proprie norme legislative, i criteri per la programmazione, la gestione e il controllo del servizio di assistenza alla famiglia e alla maternità in base ai principi che riguardano: l'istituzione dei consultori da parte dei comuni o degli enti pubblici e privati che abbiano finalità sociali, sanitarie e assistenziali attraverso la gestione diretta o convenzionata delle unità sanitarie locali; la possibilità concessa ai consultori pubblici, ai fini dell'assistenza ambulatoriale e domiciliare, di usufruire del personale sanitario, medico, ostetrico e sociale al fine di garantire opportuni interventi (art.2).

In attuazione di questa legge, la regione Campania istituisce e disciplina i Consultori familiari. Ad essi è affidata la gestione del servizio di assistenza alle famiglie, di educare alla procreazione libera e responsabile, di assistenza al singolo e alla coppia sui problemi riguardanti la sessualità, infine, di tutela sanitaria e sociale dell'infanzia e dell'età evolutiva.

La prima finalità del servizio è quella di svolgere sul territorio un'adeguata informazione che, rivolta principalmente ai futuri genitori, ha il compito di preparare ad una maternità e paternità responsabili.

L'informazione è seguita dalla

promozione di un' educazione sociale e sanitaria e psicologica che offra la possibilità di affrontare con serenità e consapevolezza la sessualità e la procreazione. Tutto ciò funzionale alla tutela dell'infanzia e dello sviluppo dei figli.

La seconda finalità, non in ordine di importanza, è quella di riuscire ad assicurare le risorse necessarie per raggiungere gli obiettivi prefissati dalla coppia o dal singolo per quanto riguarda la prevenzione della gravidanza, la procreazione e l'interruzione volontaria della stessa.

Tra le funzioni troviamo anche quella di svolgere indagini, in collaborazione con gli altri servizi socio-sanitari e assistenziali, tese a diffondere la conoscenza su determinate problematiche che possono incidere sulla salute della donna e sullo svolgimento dei rapporti familiari.

Il servizio assicura anche la consulenza per tutte le problematiche riguardanti i minori, con riferimento agli affidamenti, alle adozioni, ai minori affetti da menomazioni fisiche o psichiche.

L'Unità operativa complessa materno-infantile di Benevento, sita in via F.lli Rosselli, a valenza dipartimentale per le attività consultoriali, svolge funzioni d'interesse pubblico in collaborazione con i presidi sanitari e sociali presenti sul territorio. I servizi attivati presso tale unità sono: il consultorio familiare e l'ambulatorio di neuropsichiatria infantile, le branche e il calendario specialisti e l'unità multidisciplinare per l'integrazione scolastica. I servizi attivi presso il Consultorio sono: controlli ginecologici e consulenze per contraccezioni e menopausa, controlli pediatrici, visite neuropsichiatriche infantili e la zattera degli adulescenti (un consultorio on line per ragazzi e ragazze che vogliono avere le idee chiare).

Le Unità Operative Materno Infantili

svolgono attività di sostegno e consulenza psicosociale e psicologia alla coppia sia nella fase della decisione di adottare un bambino sia nella fase dell'affidamento pre-adottivo. Se si tratta di un adozione internazionale, per ottenere il rilascio del certificato di idoneità all'adozione internazionale, richiesto dal Tribunale dei Minori, bisogna recarsi anche all' <u>Unità Operativa Medicina Legale e Invalidi Civili</u>.

Inoltre, i genitori, per le problematiche del figlio che cresce, possono rivolgersi ai servizi sanitari. E' possibile richiedere visite specialistiche:

- per controllare eventuali problemi dello sviluppo motorio e psicologico, del linguaggio e dell'apprendimento;
- per le consultazioni di neuropsichiatria infantile e dell'età evolutiva;
- per interventi di sostegno psicosociale e psicologici al bambino

ed al ragazzo in ambito familiare e scolastico;
- per le consultazioni dell'età evolutiva.

All'interno del servizio consultoriale, operano diverse figure professionali, sanitarie e sociali, che lavorano in collaborazione al fin3w di creare una vasta rete d'intervento.

Il servizio sociale si colloca all'interno del consultorio con il compito di promuovere il cambiamento sociale e la soluzione dei problemi nelle relazioni umane, di preparare ad una maternità paternità responsabili, di sostenere la coppia nelle scelte, di tutelare il minore.

Il ruolo del servizio sociale è indispensabile all'interno del consultorio: la presenza deve essere continua insieme alla figura del coordinatore e del personale di segreteria.

La metodologia del servizio offerto dagli assistenti sociali riguarda lo studio e la ricerca di quei criteri che consentano di realizzare il suo agire professionale; questi criteri costituiscono il metodo denominato "processo d'aiuto".

Le richieste di aiuto vengono fronteggiate attraverso la tecnica del problem solving, cioè attraverso la capacità di risolvere problemi personali o familiari con la massima efficacia ed efficienza.

Gli strumenti utilizzati per far fronte alle richieste sono il colloquio e la visita domiciliare.

Ai sensi della Delibera della Giunta Regionale della Campania n 644/04 la Regione Campania riconosce e sostiene il diritto del minore a crescere ed essere educato nell'ambito della propria famiglia, intesa come risorsa primaria indispensabile per il suo benessere e la sua crescita psico-fisica.

Le condizioni di indigenza dei genitori o del genitore esercente la potestà genitoriale non possono essere di ostacolo all'esercizio di tale diritto.

Quando il nucleo familiare non è in grado di provvedere alla crescita e all'educazione del minore, è possibile ricorrere, a seconda dei casi e delle specifiche esigenze: all'affido familiare a famiglie, preferibilmente con figli, o a persone singole.

L'affidamento familiare è un segno concreto della possibilità di garantire i diritti fondamentali ai minori in difficoltà e di sperimentare una cultura solidale sul territorio. L'affidamento familiare è un intervento di aiuto e sostegno al minore ed alla sua famiglia. Esso deve pertanto, non solo non pregiudicare la continuità del rapporto educativo con la famiglia, ma rendere anzi possibile e soddisfacente il reinserimento una volta cessata la condizione di momentanea precarietà.

La Regione Campania ritiene che l'affido debba prioritariamente applicarsi in quanto risponde pienamente alle esigenze dei minori che si trovano temporaneamente privi di un ambiente familiare idoneo, garantendo loro l'educazione, l'istruzione e le relazioni affettive da parte di altri adulti "in funzione genitoriale" sostenuti dall'azione coordinata ed integrata dei soggetti che sono chiamati ad applicarlo.

Esso va attuato, quindi, in via prioritaria rispetto all'ipotesi di inserimento dei minori in difficoltà in strutture residenziali.

L'affidamento familiare a seconda dei casi e dell'istituto giuridico utilizzato può essere:

- a tempo determinato, se disposto ai sensi della legge 184/83 e successive modifiche;
- a tempo indeterminato, se disposto ai sensi degli articoli 330 e 333 del C.C.

L'affidamento familiare è un intervento che compete ai Comuni associati negli ambiti territoriali definiti dalla Regione Campania ai sensi della L. 328/00.

A tal fine, tenendo conto di quanto

disposto dall'Art. 2 comma 4 della L. 149/01, entro 90 giorni dall'entrata in vigore del presente atto, gli Ambiti territoriali, sono tenuti ad istituire una specifica struttura denominata Servizio Affido ed Adozioni d'Ambito di seguito denominata S.A.T. Tale Servizio, articolazione degli Uffici di Piano, è composto da un'èquipe multidisciplinare di cui faccia parte almeno uno psicologo e un'assistente sociale che di norma opera in contiguità con le equipes socio sanitarie d'ambito per l'adozione nazionale e internazionale.

Alle AA.SS.LL. coerentemente al loro ruolo istituzionale è chiesto di concorrere al soddisfacimento dei bisogni di salute e benessere del minore in affido e delle famiglie affidatarie e d'origine. In tale logica, dunque, sono invitate ad assicurare la collaborazione degli operatori dei locali Consultori familiari per sostenere ed assistere adeguatamente sotto il profilo

psicoterapeutico e psicopedagogico il minore e i soggetti affidatari nella realizzazione dell'istituto dell'affido disciplinato dal presente atto. Intervengono, altresì, su specifiche problematiche di cura e riabilitazione.
S.A.T.
Il Servizio Affido ed Adozioni d'Ambito svolge i seguenti compiti e funzioni:

- Promuove la cultura dell'affidamento familiare all'interno di una più complessiva politica di sostegno alla famiglia e alla genitorialità;
- Individua, seleziona e forma le coppie e/o le persone disponibili all'affidamento;
- Istituisce "l'Anagrafe degli Affidatari";
- Cura l'abbinamento affidatario/i – minore considerando anche i rispettivi contesti socio culturali di appartenenza;
- Dispone, ai sensi dell'Art. 4

comma 1 della L. 149/01 il provvedimento di affidamento;
- Predispone per ciascun caso il progetto educativo individualizzato. Tale progetto deve indicare le motivazioni dell'affido ed esplicitare la sua durata e gli impegni degli affidatari, degli affidanti e del Servizio, che assicura la dovuta vigilanza per il periodo di affidamento;
- E' responsabile del progetto di cui al punto precedente, nonché del programma di assistenza da attuare a sostegno degli affidanti onde rimuovere le difficoltà che hanno determinato l'allontanamento del minore e ripristinare le condizioni per il suo rientro;
- Provvede a garanzia del minore e degli/llo affidatari/o a stipulare una polizza

assicurativa;
- Fornisce sostegno e supporto continuo alla famiglia d'origine al fine di risolvere i problemi che hanno determinato la necessità dell'affido;
- Promuove e realizza occasioni formative e di aggiornamento rivolte agli operatori socio-sanitari coinvolti nella materia;
- Crea la Banca dati Affido, collegata al SISS;
- Trasmette entro il 30 giugno ed il 31 dicembre di ciascun anno una relazione sull'attività svolta sulla base di un indice predisposto dal Coordinamento regionale.

Il S.A.T. invia, eccezion fatta per gli affidi amministrativi che non richiedono alcun visto di esecutività, una relazione almeno semestrale di aggiornamento al giudice tutelare o al tribunale per i minorenni, circa l'andamento del programma di affido, sulla sua presumibile ulteriore durata e sull'evoluzione delle condizioni di difficoltà del nucleo familiare di provenienza. Negli affidi giudiziari per i quali il Servizio intenda ottenere la proroga dell'affidamento o un modifica del provvedimento in corso di esecuzione, la suddetta relazione andrà inviata anche alla procura della Repubblica presso il Tribunale per i Minorenni, essendo necessaria la richiesta del P.M. per l'apertura di un nuovo procedimento.

Con il Protocollo d'Intesa in materia di Affido Familiare approvato dal Coordinamento Istituzionale del 4/09/2009 verbale n 15 il Comune di Benevento, Distretto Sociale B1 e il Distretto Sanitario dell'Azienda Sanitaria Locale BN1 sottoscrivono l'intento di contribuire allo sviluppo della pratica dell'Affido Familiare sul territorio locale e lo scopo di definire precise modalità di collaborazione.

Altro servizio presente nel territorio

beneventano e distaccato sia dal Comune che dall'ASL ma dedito alla tutela dei minori è il Cam, Telefono Azzurro, sito in via Santa Colomba Piazza Gramazio, che sostiene i minori e le loro famiglie attraverso:
- servizio di telefonia sociale
- colloqui individuali e familiari
- consulenza sociale, psicologica e legale
- attività di prevenzione nelle scuole primarie
- attività di promozione e sensibilizzazione sul territorio delle problematiche minorili.

Gli operatori sono impegnati, con turni settimanali nell'ascolto telefonico, delle segnalazioni di disagio minorile, esaminano con gli esperti i casi segnalati e propongono gli interventi, realizzano tutte le attività esterne ed interne del centro. Il CAM, telefono azzurro è un'associazione di volontariato onlus che ha iniziato la sua attività nel 1986 a Napoli e si è costituita, con atto pubblico, nel 1988, con la denominazione "Centro Aiuto al Minore, Telefono Azzurro", collocata presso i locali dell'Opera Salesiana in via Don bosco, 8. L'Associazione è nata per aiutare i minori e le loro famiglie in difficoltà, facendo emergere situazioni nascoste di violenza. Le altri sedi sono a Saleno, Afragola (NA), S.Potito (CS).

"Nel tempo degli 'orchi' viene cancellato il diritto alla vita, all'infanzia e all'adolescenza. E' necessario neutralizzarlo per aiutare i minori a proteggersi da chi non li ama". E' questo l'obiettivo che da circa 25 anni il Centro aiuto al minore (Cam) Telefono Azzurro di Benevento si prefigge attuando il "Progetto Infanzia" nelle scuole primarie e secondarie del Sannio. In questo modo i volontari dell'associazione svolgono un'attività di prevenzione che ha la finalità di creare nei bambini la consapevolezza dei pericoli in cui possono trovarsi, senza

creare ansie e paure. Ma aiutandoli a difendersi.
"Ricordatevi – si legge nell'opuscolo 'Ciao amico' ideato dai volontari - che ci sono molte persone che vi vogliono bene. Ci sono la mamma e il papà, anche se qualche volta vi rimproverano o sono presi dal loro lavoro, loro possono ascoltarvi e sapranno consigliarvi; ci sono anche i nonni, sempre pazienti e disponibili; ci sono le maestre che vi conoscono bene e conoscono i vostri problemi. Se vi sentite a disagio o in pericolo, loro sapranno aiutarvi".
Il Telefono Azzurro si pone quindi anche come un "amico" che ascolta, comprende, consiglia, aiuta con attenzione e rispetto. I volontari del Cam sono convinti che "parlare è un primo agire", ovvero la comunicazione è il primo passo di un uomo verso una vita serena. "Ecco, perché – spiegano - ai bambini viene insegnato a parlare, a dialogare, a manifestare le proprie

emozioni ai genitori o ad altri adulti con cui sono in contatto". Secondo il Cam va ridata "all'infanzia e all'adolescenza il colore dell'azzurro, simbolo della serenità! Il senso alla vita!. Quando una specie perde l'affetto per i propri cuccioli, l'effetto è l'avvio verso la globale estinzione…"

È compito dei servizi assistenziali svolgere un ruolo di sostegno e stimolo alla famiglia che presenta condizioni di disagio per il minore, in modo tale da prevenire l'insorgere di situazioni che determinano, successivamente, l'intervento dell'autorità giudiziaria.

Così, l'operatore sociale nello svolgere il suo compito di sostegno al nucleo familiare in difficoltà, dovrà essere particolarmente attento e cogliere con immediatezza il momento nel quale l'intervento assistenziale di natura amministrativa non sia più in grado di evitare danni per il minore.

I servizi svolgono un ruolo di stimolo e di vigilanza sull'osservanza di quanto disposto dall'autorità giudiziaria, come nel caso di affido del minore al servizio sociale, un compito di indirizzo che, se non limita, certamente si sovrappone alla potestà dei genitori che potranno ricorrere al giudice in caso di dissenso con l'indirizzo indicato dal servizio.

Analizzando il territorio ciò che manca, come servizi sociali, è la presenza di un Centro d'Ascolto/Antiviolenza che contrasti la violenza sulle donne.

La violenza sul corpo, la mente, l'emotività, gli affetti di una donna è la forma di controllo e di potere che si esprime attraverso atti o minacce di sopruso fisico, psicologico, sessuale, economico e persecutorio (stalking) contro le donne in quanto donne per mantenerle in una condizione di inferiorità. La violenza sulle donne provoca gravi danni fisici e psicologici anche ai bambini che vi assistono in famiglia (ansia, dolori addominali, asma, balbettio, scarso rendimento scolastico, problemi di adattamento, bullismo).

Ecco perché è necessario anche nel Comune di Benevento un centro antiviolenza, in quanto è il luogo fisico più adatto all'accoglienza, alla solidarietà e dove poter sperimentare, attraverso la relazione con altre donne, che uscire dalla violenza si può, è il luogo dove le parole possono trasformarsi in progetti e azioni volti a tutelare le donne attraverso l'aiuto di un personale qualificato. Ma anche un centro di produzione e comunicazione culturale, dove valorizzare i servizi alla persona, promuovere il lavoro femminile, informare ed offrire consulenza sui diritti delle donne e sostegno psicologico. Si tratta di mettere a disposizione servizi di tipo gratuito finalizzati all'ascolto, alla condivisione e sostegno, al rispetto della riservatezza instaurando una relazione significativa di aiuto con le operatrici.

Agire a favore dell'inclusione nel

mercato del lavoro e all'interno dei fattori costitutivi della società della conoscenza rappresenta una condizione essenziale per la più generale inclusione delle donne nel godimento della cittadinanza attiva. E ancora, la partecipazione femminile a questi obiettivi assume un carattere essenziale per la crescita dell'Europa e per la promozione della posizione delle donne in ambito lavorativo.

È pertanto necessario uno sforzo rinnovato di tutti gli attori locali, affinché si agisca sinergicamente per rimuovere gli ostacoli che si frappongono al coinvolgimento delle donne nel mondo del lavoro, puntando su scelte innovative capaci di stimolare la creazione di nuovi modelli sociali e di sviluppo orientati in senso socialmente responsabile, nell'intento di recuperare quella larga parte di donne fuori dal mercato del lavoro o a rischio di uscirne. La situazione occupazionale femminile resta critica (il doppio rispetto agli uomini). Inoltre è da tener presente la difficoltà per le donne di conciliare la vita lavorativa con quella familiare in quanto si trovano spesso a doversi occupare di bambini e anziani e nel caso in cui lavorino si trovano nella cosiddetta situazione di doppia carriera, ovvero lavoro e famiglia essendo così, necessari servizi che sostengono la donna nella cura e nell'aiuto alla fruizione degli stessi; altra situazione critica legata alla doppia carriera, come risulta dalla letteratura scientifica, le donne sono più a rischio di infortunio e malattie professionali, per cui si ritiene necessario effettuare anche interventi di tipo preventivo.

Le aziende continuano a privilegiare assunzioni maschili in parte perché vi sono ancora molti lavori che per le loro caratteristiche vengono definiti prerogativa maschile, in parte per problemi culturali e/o produttivi. Un centro antiviolenza servirebbe a favorire l'inclusione sociale delle donne, sostenendole nelle aree di maggiore criticità. Questo può essere fatto attuando strategie progettuali che intendono sperimentare percorsi integrati di inserimento lavorativo fortemente incentrati sul partenariato con l'assessorato alle Politiche Sociali del Comune di Benevento attraverso un coinvolgimento attivo degli attori locali che rivestono un ruolo chiave nello sviluppo del territorio, aiutando questi soggetti a riflettere sulle problematiche legate alla famiglia e alle donne. La donna dovrà essere seguita nell'identificazione di quei servizi che maggiormente rispondono ai suoi bisogni. Inoltre il percorso dovrà avere una forte aderenza al contesto territoriale tenendo conto degli scenari socio-economici e dei servizi in esso presenti. Un ruolo fondamentale dovrà essere svolto dalle reti di sostegno presenti nella comunità, siano esse informali o formali. Per attivare processi di intervento contro la deprivazione sociale e la marginalità è necessario soffermarsi non solo sulla domanda individuale, lasciando che le donne raggiungano i servizi spesso in situazioni di urgenza, in fase acuta del problema, essere in grado di incidere sui processi sociali che possono aggravare il disagio, il senso di sradicamento, la mancanza di informazioni, di collegamenti, di rapporti.

Ma soprattutto l'obiettivo principale è quello tentare di arginare la violenza sulle donne, perché essa è un crimine contro l'umanità intera, non solo di una sua metà. Perciò non dovrebbero essere solo donne a denunciarla ma anche gli uomini dovrebbero sentirlo come un «loro» problema. Non si tratta di è una rivendicazione femminista in senso stretto, ma una rivendicazione democratica universale: la battaglia contro la violenza quotidiana sulle donne comincia con il rispetto rigoroso e intransigente del principio di parità e di uguaglianza, ovunque e sotto qualsiasi latitudine.

Fare il vuoto attorno ai violenti che uccidono e malmenano le donne è indispensabile più di una legge. In Italia una cultura che rivendichi la superiorità del maschio e la soggezione della donna è sempre più debole. Ma non cessa di essere pericolosa se tanti uomini maneschi, energumeni e disturbati si sentono ancora in diritto di maltrattare le donne. L'uguaglianza democratica, la parità senza cedimenti, l'inclusione sociale sono l'antidoto culturale più forte che dovrebbero impegnare in misura eguale gli uomini e le donne, non lasciando alle sole donne l'onere delle battaglia.

Per concludere, possiamo dire quindi che la lotta alla violenza sulle donne deve diventare la prima forma di democrazia universale.

## *Violenza domestica:*
## *l' intervento delle Forze dell' Ordine*
## di Pasqualina Usai[11]

La denuncia è la comunicazione di un fatto-reato all'Autorità Giudiziaria o di polizia, di cui si ha conoscenza per l'accertamento delle eventuale responsabilità, e la successiva instaurazione di un processo con punizione del colpevole.
L'obbligo di denuncia sussiste soltanto per i reati perseguibili d'ufficio.
L' obbligatorietà di denuncia per i reati perseguibili d'ufficio sorge differentemente in capo a coloro che sono i privati cittadini e a coloro che sono invece pubblici ufficiali o incaricati di un pubblico servizio. Secondo l'art 333 c.p.p. il privato cittadino "che ha notizia di un reato perseguibile d' ufficio può farne

---

11 Maresciallo dell'Arma dei Carabinieri, dottoressa in Scienze Politiche (Operatore della sicurezza sociale).

denuncia", con la sola eccezione di dover denunciare, comunque, i reati contro la personalità dello Stato e quelli di ricezione di cose provenienti da delitto, invece, "i pubblici ufficiali e gli incaricati di un pubblico servizio che, nell'esercizio o a causa delle loro funzioni hanno notizia di un reato perseguibile d' ufficio, <u>devono</u> farne denuncia per iscritto" (gli artt. 357 e 358 c.p. definiscono chi può assumere la qualifica di pubblico ufficiale e di incaricato di un pubblico servizio). Tra i reati perseguibili d' ufficio per i quali è obbligatoria la denuncia, si collocano quelli qui di seguito indicati, inerenti i reati di maltrattamento e di abuso: art. 571 c.p. abuso di mezzi di correzione, art. 572 c.p. maltrattamenti, art. 591 c.p. abbandono di minore o incapace, art. 593 c.p. omissione di soccorso, art 609 bis e ss. c.p. violenza sessuale, perseguibile d' ufficio, in casi specificati dagli articoli stessi.[12]

---

[12] Testo *L'abuso e l'incuria verso l'infanzia*,

Questi aspetti vengono meglio analizzati nel testo "La devianza minorile" scritto dai Dottori Piero Avallone e Paolo Giannino[13], attraverso il quale si fa un'analisi giuridica, psicologica e sociologica, non solo della figura del minore maltrattato ma anche del minore che si rende artefice di un reato.

Nello specifico il Dott. Avallone, che ha tenuto, in data 23.11.2012, il primo incontro del seminario "La tutela dei minori", si è soffermato a parlare di quello che è l'istituto della mediazione familiare, partendo dal presupposto che la maggior parte dei problemi in famiglia nascono per una difficoltà di comunicazione. La figura del mediatore, è necessaria per aiutare le

---

di Paolo Giannino e Piero Avallone, ed.2007- pag. 46-47.
13 I testi utilizzati sono: *L' abuso e l'incuria verso l'infanzia*, di Paolo Giannino e Piero Avallone, ed. 2007; *La devianza minorile*, di Paolo Giannino e Piero Avallone, ed. 2012.

due parti (genitori fra loro, o genitori e figli), a ricominciare a comunicare. Naturalmente il mediatore non trova soluzioni, né da suggerimenti, è una parte neutrale che si ferma ad ascoltare e analizzare. Secondo il Dott. Avallone, questo istituto avrebbe però difficoltà a decollare poiché, innanzitutto la legislazione in merito è poco chiara, inoltre non è un sistema insito nella cultura sociale (forse perché ancora poco conosciuto) ed ha una struttura troppo labile. Talvolta, anche se non scritto in alcun regolamento o codice, sono proprio le forze dell'ordine che svolgono la funzione dei mediatori in situazioni familiari dove magari semplicemente esistono incomprensioni o appunto difficoltà di comunicazione.

Le forze dell'ordine, rappresentano l'autorità più vicina materialmente al cittadino, alla quale questo si rivolge non solo per denunciare ma anche per avere un supporto psicologico o un consiglio. Una delle forze dell'ordine, che essendo organizzata territorialmente in entità presenti anche nelle più piccole realtà e può per questo motivo svolgere una funzione di maggiore vicinanza al cittadino, è sicuramente l'Arma dei Carabinieri.

Un concetto recentemente sostenuto è quello di "polizia di prossimità", concetto che racchiude la vicinanza dell' operatore di polizia non solo al cittadino ma, più specificamente alla vittima del reato. Con l'evoluzione storica e soprattutto sociale che la nostra società sta vivendo, vi è l'assoluta necessità che anche le forze dell' ordine, quali i Carabinieri, non vivano legate al retaggio di un passato tradizionalista, rigido e inflessibile, ma, che la *forma mentis* del Carabiniere stesso si adatti, si uniformi a qualsiasi tipo di realtà e di reato. Il Carabiniere deve essere in grado di svolgere i compiti istituzionali a lui devoluti con la massima professionalità ma anche con la massima delicatezza e umanità soprattutto nei confronti delle vittime di reati o di episodi di inciviltà. Allo stato attuale, nell'Arma dei Carabinieri non esistono corsi specifici volti a preparare tutto il personale operante ad affrontare episodi di maltrattamenti e di violenza nei confronti di donne o di minori. Dovrebbe esserci una preparazione volta ad attuare non solo l'instaurazione di un procedimento penale nei confronti del reo (preparazione che viene conferita nelle scuole di formazione dei Carabinieri[14]) ma anche e soprattutto un sostegno psicologico e morale nei confronti della vittima nel momento in cui si relaziona con l'operatore che riceva la denuncia o talvolta solo la confidenza[15]. Ogni Carabiniere affronta

---

14 Scuole Allievi Carabinieri, dislocate su tutto il territorio Nazionale; Scuola Marescialli e Brigadieri dei Carabinieri divisa in due Reggimenti aventi rispettivamente sede in Velletri (RM) e in Firenze (FI); Scuola Ufficiali dei Carabinieri, con sede in Roma.

15 E' stata da quale anno istituita, inquadrata

questo tipo di situazione in maniera molto soggettiva e il tutto è lasciato alla sensibilità e al buon senso di ognuno. Non tutti, possediamo (io in *primis* in qualità di Sottufficiale dell'Arma), la preparazione e la prontezza di poter aiutare le vittime del reato a sentirsi a proprio agio nel raccontare l'accaduto o nell'affrontare le molteplici vicende giudiziarie. Mio malgrado è necessario ammettere che tantissime donne vittime di violenza o di maltrattamenti, rinunciano a denunciare gli episodi che le vedono protagoniste, perché hanno paura di ritorsioni, o perché, non hanno fiducia nel buon esito delle operazioni svolte dai militari ai quali si rivolgono.

---

nel Comando Generale dell'Arma dei Carabinieri, la "Sezione Atti Persecutori", alla quale è demandata l'attuazione delle linee fissate nel protocollo d'intesa sottoscritto il 16 Gennaio 2009 tra l'On. Ignazio La Russa (allora Ministro della Difesa) e l' On. Maria Rosaria Carfagna (allora Ministro delle Pari Opportunità), in materia di *Stalcking.*

Molto spesso le vittime temono la cosiddetta "doppia vittimizzazione" che si scatena primariamente nel momento in cui subiscono la violenza e in secondo luogo nel momento in cui devono ripercorrere con le forze dell'ordine, quei momenti drammatici, senza poi riuscire a intravedere dei miglioramenti o dei risultati immediati.
I casi in cui le vittime si fanno forza e decidono di venire in una Caserma a concretizzare una denuncia sono molti meno rispetto ai casi che realmente si verificano.
Ancor più difficoltoso è l'approccio che la polizia giudiziaria ha nei casi in cui vittime del reato sono i minori, sia che siano vittime dirette del reato sia che lo siano indirettamente perché vivono la realtà di genitori violenti, che fanno uso di sostanze alcoliche o di droghe. Questa violenza passiva, non è da ritenere di minore rilevanza rispetto a quella diretta sul minore, perché quella subita indirettamente viene forse più

sottovalutata o talvolta trascurata. La destabilizzazione, il trauma, l'insicurezza, la frustrazione e il senso di colpa che si generano sul minore, hanno effetti devastanti sulla vita dello stesso non solo nel momento storico in cui si verificano gli episodi ma anche nel futuro, con conseguenze talvolta irreversibili per la vittima soprattutto dal punto di vista personale e relazionale.

Lo studio e l'approccio alla violenza diretta e indiretta nei confronti dei bambini è stato approfondito durante uno degli incontri del seminario "La tutela dei minori" svolto in data 07.12.2012 e tenuto dalla Dott.ssa Rita Palomby[16]. La Dott.ssa infatti, ha parlato di tutte le esperienze alle quali il minore può prendere parte, suo malgrado, a causa delle violenze subite. Queste esperienze vengono da Lei

---

16 Psicologa-Psicoterapeuta presso il Consultorio familiare "G. Toniolo" di Napoli.

definite ESI (Esperienze Sfavorevoli Infantili) che possono suddividersi appunto in ESI dirette (Maltrattamento fisico o psicologico, trascuratezza e abuso sessuale intrafamiliare o extrafamiliare) e ESI indirette (alcolismo, tossicodipendenza, malattie psichiatriche o violenza assistita, riguardante uno o entrambi i genitori). A seguito di questi tipi di traumi, i bambini iniziano a vedere il mondo attraverso degli occhiali deformati, come ci spiega la Dott.ssa Palomby e, attraverso questi occhiali il bambino si guarda attorno come se fosse circondato solo da malvagità, ciò può generare nel suo animo un senso di impotenza, tradimento, vergogna, colpa e disvalore. La dottoressa si è soffermata a raccontare la storia di una ragazza giovanissima che ha subito ESI dirette e indirette, ci ha raccontato il suo dramma familiare ma si è soffermata anche e soprattutto a sottolineare quanto Linda, la protagonista della vicenda abbia apportato un contributo personale alla vita della dottoressa, dimostrandole di quanta forza, coraggio e amore, possa essere capace anche chi, come Linda ha vissuto solo violenza e dolore.

Altro importante punto sottolineato dalla psicologa è quello dato dall'assoluta necessità che per sostenere le vittime di questi tipi di violenza debba esistere una fitta rete di apparati che collaborino tra essi, fra questi vi sono naturalmente gli psicologi, gli assistenti sociali, i pediatri, le forze dell'ordine e gli avvocati.

La delicatezza del ruolo di un Carabiniere o di un Poliziotto che per primi intervengono in situazioni quali quelle sopra citate che interessano il minore, è immensa e talvolta non comprensibile o sottovalutata da tutti gli utenti e/o anche dall' operatore stesso. La prerogativa principale dell'operatore deve essere quella non solo di sapere quali sono gli episodi verificatisi, ma di proteggere il minore per far in modo che gli operanti non generino ulteriori traumi nell'approccio con la vittima stessa. Ora, naturalmente il Codice di procedura penale, disciplina i casi in cui le vittime dirette del reato siano i minori, casi in cui la polizia giudiziaria deve operare e intervenire con il supporto di persone preparate quali gli psicologi. Ma, la situazione è più complessa quando i minori non sono vittime dirette del reato (ma vittime indirette come detto sopra) e soprattutto quando non vi è una denuncia formale da parte del genitore che invece è vittima diretta di violenza o maltrattamenti da parte dell' altro genitore. Molto spesso infatti le vittime vengono in Caserma per far sentire il loro grido d'aiuto, per avere un sostegno o una parola di conforto senza però voler formalizzare una denuncia nei confronti del reo. Il Carabiniere che si trova ad accogliere la richiesta d'aiuto per episodi che non rientrano fra quelli riportati nel codice penale circa la perseguibilità d'ufficio (es. lesioni o percosse subite dal coniuge), non può obbligare la vittima a proporre denuncia, può insistere per farle capire che non è giusto che questa debba subire atti di violenza nonostante possa essere innamorata/o del proprio partner, ma, al di fuori di questo, non può concretizzarsi formalmente alcun tipo di denuncia. Ma, questi episodi non formalmente denunciati, dei quali la polizia giudiziaria viene a conoscenza, muoiono o devono morire all' interno delle quattro mura della Caserma? Assolutamente no, il Carabiniere che, si trovasse in questa situazione, a maggior ragione quando risulta che vittima e reo abbiano dei minori da tutelare e verso i quali esercitino una potestà genitoriale, hanno l'obbligo se non giuridico perché ripeto non si tratta di casi perseguibili d'ufficio, ma bensì l'obbligo morale di

dare comunicazione al Tribunale Ordinario e al Tribunale dei Minori di quanto accade all'interno di quella coppia e di quanti e quali traumi vivano i minori sottoposti alla cura di qui genitori. Questo è fondamentale perché si deve attuare un tempestivo intervento nei confronti dei minori che qualora ve ne siano gli estremi devono essere sottratti al controllo di quel padre e quella madre che vivono situazioni di disagio, di violenza o di instabilità. La prerogativa di chiunque, sia operatore di polizia che privato cittadino deve essere quella di tutelare i minori che sempre più spesso vivono drammi a causa di colpe che non hanno o a causa di genitori troppo egoisti e concentrati su se stessi per pensare al male che possono provocare ai propri figli.
Vediamo in concreto cosa si verifica nella realtà con la quale sto, e stiamo a stretto contatto.[17]

---

17 Viene riportato il testo di una denuncia sporta presso il Comando Stazione Carabinieri

*"Mi chiamo Lucia, sono nata nel 1973, ho solo 40 anni, ma è come se ne avessi 60. Premetto di essere legalmente sposata con mio marito da circa 13 anni, dopo una lunga e travagliata convivenza, dalla quale sono nati 4 figli (oggi tutti maggiorenni, Giovanni di anni 26, Elisa di anni 25, Carmela di anni 22 e Eleonora di anni 21). La mia, è stata un'unione abbastanza sofferta, in quanto sono stata sempre, da mio marito, picchiata, minacciata ed insultata. Circa 10 anni fa proprio voi Carabinieri lo avete arrestato perché mi picchiava e maltrattava. Dopo quell'episodio c'è stato un certo cambiamento in lui, ma ancora oggi, quando beve, perché è solito ubriacarsi in un bar del Paese, dove tra le altre cose gioca anche a carte, continua a maltrattarmi e ad aggredirmi*

---

presso il quale lavoro. I fatti narrati sono stati denunciati dalla vittima, così come descritti, soltanto i nomi e l'età sono fittizi.

*verbalmente. Sabato sera, 06.04.2013, intorno alle ore 20.00 circa, subito dopo cena, c'è stata l'ennesima discussione. Dopo essersi messo a letto e mentre ero intenta a lavare i piatti, di colpo si è alzato e mi ha chiesto di fargli vedere i miei telefoni cellulari. A tale richiesta rispondevo dicendo che i cellulari glieli avrei fatti vedere io con le mie mani (perché avevo tutti i numeri segnati delle mie clienti ove lavoro, in quanto mi occupo di fare le pulizie a domicilio per le persone che me lo richiedono). Alla mia affermazione, con estrema ferocia, mi ha strappato di mano i telefoni cellulari, buttandoli nel fuoco, distruggendoli completamente. Subito dopo ha preso in mano la televisione e minacciandomi ha cercato di scagliarmela addosso. Solo grazie all'intervento tempestivo di mia figlia Eleonora, il predetto ha desistito dall'intento di farmi violenza fisica. Dopo qualche minuto Eleonora, visto lo stato di pericolo in cui versavo e vista la mia impossibilità a chiedere aiuto (appunto perché non avevo più i cellulari), ha chiamato voi Carabinieri. Premetto che anche quella sera era ubriaco e che recentemente nutre una insolita, quanto infondata gelosia nei miei confronti, tale da indurlo appunto il giorno prima e precisamente venerdì 05.04.2013, a raggiungermi sul posto di lavoro per controllare se stessi effettivamente lavorando. Lui non corrisponde inoltre alla famiglia alcun aiuto finanziario, tranne qualche centinaio di euro al mese per comprare qualcosa da mangiare, ma io mi son dovuta fare carico del matrimonio della mia figlia primogenita, pagando ancora oggi con grande difficoltà, le rate dei mobili. Io quando lo vedo ubriaco e quando mi minaccia, come è successo sabato scorso, temo per la mia vita, perché a questo punto non so cosa pensare e cosa può arrivare a farmi. Con la presente chiedo la punizione a norma di legge di mio marito convivente, per i fatti sopra esposti, considerandolo un pericolo per me e le mie altre due figlie che ancora oggi vivono con noi. Inoltre, per far capire meglio il carattere di mio marito, vorrei aggiungere che il giorno 08 gennaio c.a. ha allontanato di casa il nostro figlio maggiore, Giovanni, non preoccupandosi del fatto che fosse senza lavoro e quindi, incurante delle sue condizioni di vita. Per colpire me (per farmi del male interiore) ha buttato fuori di casa mio figlio."*[18]

La storia di Lucia è davvero drammatica, e ci lascia (nonostante noi siamo abituati a sentire determinate storie) sorpresi e indignati. Quello raccontato qui sopra, è solo un'episodio dei tanti, anzi tantissimi che Lucia ha vissuto a vive con suo marito da 13 anni. Da quando l'ho conosciuta, ogni

---

[18] Denuncia-querela sporta in data 08.04.2013 dalla Sig.ra "Lucia" presso un Comando Stazione Carabinieri.

volta mi ha voluto raccontare informalmente del suo dramma, senza però volersi spingere a fare una denuncia, preoccupata del fatto che suo marito, già arrestato per maltrattamenti nei suoi confronti, potesse finire in prigione. Potremmo chiederci come fa una donna che vive come se fosse in carcere perché non ha nessuna libertà, che vive vessata, picchiata e insultata di continuo, preoccuparsi del fatto che la persona responsabile non finisca in carcere? Questo accade perché per Lucia, come per tutte le donne come lei, con il suo carnefice si instaura spesso un rapporto di dipendenza, di rassegnazione, che nasce dall'insicurezza e dal rapporto di stretta vicinanza e legame, quale il vincolo del matrimonio, la lunga convivenza, il fatto di avere dei figli con quella stessa persona. I tratti comuni a queste donne possono essere individuati anche nel fatto che subiscono maltrattamenti e violenza dal proprio uomo, sono donne che hanno amato o amano ancora l'uomo del quale sono vittime. Sono donne che sperano che il loro compagno, marito, amante, fidanzato cambi, sono donne che credono a promesse che non si realizzeranno mai, sono donne che non vogliono buttare via l'amore che le ha legate e che le lega al proprio aguzzino. D'altro canto si costringono a credere a quelle promesse e a quel futuro, soltanto perché hanno paura, perché vengono minacciate, perché sono terrorizzate dalle reazioni di quegli uomini ai quali vorrebbero ribellarsi. Molto spesso oltre alla paura per l'incolumità propria o dei propri figli, si aggiunge anche la dipendenza economica che queste donne hanno nei confronti dell'uomo che, anche per questo motivo riesce a tenerle fortemente in pugno. C'è poi il desiderio di voler salvare a tutti i costi la faccia davanti alla società, facendo finta di essere una famiglia felice e unita come tante altre mentre solo chi vive all'interno delle mura domestiche può capire qual'è la tragedia che tutti i giorni si consuma. Si ha questo desiderio di nascondere a tutti quello che accade e che si vive oppure qualche volta solo familiari più stretti ne vengono a conoscenza, ma anche questi, nella maggior parte, specialmente nel caso di coloro che non hanno più una giovane età e soprattutto al sud del nostro Paese, chiedono a queste donne di evitare di raccontare e/o denunciare quanto accade tra le mura domestiche per non gettare il disonore su tutta la famiglia. E, infine, sono donne che hanno sfiducia nelle istituzioni; vivono con il timore di non essere credute, di essere additate come le colpevoli per non essere state in grado di mantener unita la famiglia o addirittura di aver provocato il proprio compagno. Come già detto si ha paura di essere vittime per una seconda volta , soprattutto della giustizia che ha tempi troppo lunghi, impegnativi e duri da affrontare. Come nel caso di Lucia, che ha denunciato un episodio e che dopo la denuncia, (se ancora suo marito non ne sa nulla perché lei ha paura ancora una volta della sua reazione), continua a subire violenze anche e soprattutto psicologiche arrivando fino al punto di privarle di toccare quelle pochissime cose presenti nel frigo qualora comprate mediante il suo misero contributo. Lucia è in attesa che qualcuno dalla Procura della Repubblica risponda, prenda qualche provvedimento. Nel frattempo cerca casa, già, perché quella che lei ha comprato con suo marito la deve lasciare insieme alle sue figlie se vuole allontanarsi da lui, perché lui, non lo farà mai e lei ha persino paura di chiederglielo e di imporsi per poter esercitare un diritto che è pienamente suo.

Una delle principali cause del fatto che la maggior parte degli episodi di violenza non vengano denunciati è dato dal fatto che la giustizia non garantisce un intervento immediato a tutela della vittima. Nei mesi che trascorrono tra quando è stata sporta la denuncia e quando vi sarà una risposta della Procura, le vessazioni continuano e questi mesi potranno essere fatali qualora vi sia un colpo di testa da parte dell'aguzzino. Una donna non si sente sicura di poter denunciare perché troppo altro tempo ancora dovrà essere vittima, soprattutto di tutte le rivendicazioni per il fatto di averlo denunciato. Questi gesti non vengono perdonati, mai! Il nostro lavoro, si limita solo all'intervento nel momento in cui veniamo chiamati presso le famiglie vittime di maltrattamenti e se, non si coglie in flagranza di reato l'autore, non possiamo far altro che ammonire verbalmente il soggetto e invitare la vittima a fare la denuncia. Purtroppo vi sono troppi limiti anche nelle nostre attività e questi limiti non fanno altro che allontanare da noi la maggior parte delle vittime che vorrebbero il nostro aiuto ma ripensandoci si rendono conto che dopo il nostro piccolo momento presso la loro abitazione, resteranno nuovamente sole con lui. Tutte le volte che son venuta a conoscenza di situazioni del genere, anche meno gravi, ho spinto sempre e spingo tutt'ora le vittime a denunciare e ribellarsi, perché le donne possono essere forti quanto gli uomini, perché le donne non hanno bisogno della loro casa e dei loro soldi, le soluzioni si trovano insieme. E' difficile però, accettare un discorso di questo tipo per chi è direttamente interessato, è molto più semplice per noi farlo. A livello giudiziario, è poi molto difficile migliorare la complessità di questi casi che già sono difficili e drammatici di per sé. I reati nati dalla violenza familiare presentano difficoltà peculiari nell'accertamento del fatto e nella formazione della prova; sono reati in cui le vittime pervengono alla consapevolezza dell'affronto subito a distanza di tempo e dopo un faticoso percorso di elaborazione del dolore dovuto principalmente alla pressione psicologica per la quale si nutre un forte senso di imbarazzo, vergogna e di voglia, come già detto di insabbiare il più possibile. Il primo intervento che deve essere attuato è quindi quello di spingere e aiutare le vittime a trovare la forza di denunciare, perché senza una denuncia sicuramente il carnefice non avrà mai una punizione per tutto ciò che ha fatto. Comunque, a parte casi di particolare gravità (come i casi di violenza su minori), il reato sessuale è ancora un reato perseguibile a querela, così come il reato di "stalking", inserito nel nostro codice con la legge 38/2009 (questo diventa perseguibile d'ufficio solo in caso di perseveranza del suo autore inutilmente richiamato dal Questore). Se questi reati, veramente gravi, fossero perseguibili d'ufficio anziché a querela di parte, si aiuterebbe la vittima a non sentirsi colpevole anche di assumersi la responsabilità di denunciare. Sempre perseguendo l'obiettivo di sostenere le vittime, occorrerebbe favorire la specializzazione delle forze dell'ordine che raccolgono le denunce e dei magistrati inquirenti (in molte Procure ciò già avviene). Bisognerebbe da subito informare le vittime, per lo più donne, sugli strumenti di difesa che la nostra legge ha approntato, come per esempio la possibilità di ricorrere agli ordini di protezione (introdotti dalla legge 154/2001) che consentono alla vittima di violenza familiare di chiedere al giudice la cessazione della condotta maltrattante del coniuge o convivente e il suo allontanamento da casa con l'obbligo però di continuare a provvedere al mantenimento della famiglia; o la possibilità di essere assistite da un difensore pagato dallo Stato, in vista del processo. Questi sì che sarebbero fattori incentivanti le

vittime a sporgere una denuncia, perché avrebbero la quasi certezza di un riscontro positivo ottenendo la giusta assistenza, il giusto sostegno e soprattutto la giusta protezione. Fondamentale è il ruolo dei Centri antiviolenza e delle Case di protezione, dei quali la diffusione andrebbe finanziata e incentivata, per dare un motivo in più alle donne che non sanno dove rifugiarsi, di essere ospitate e protette da persone che possono non solo aiutarle dandole un tetto ma anche e soprattutto un sostegno psicologico[19].
Il nostro Paese, è ormai tassativamente abbonato giornalmente all'omicidio femminile ed è stato richiamato più volte dalle Nazioni Unite, affinché adotti adeguati strumenti di difesa per le donne vittime di violenza, il tutto reso possibile anche grazie alla ratifica

---

19 Articolo apparso sul sito www.libero.it: *Così nasce la violenza in famiglia. Servono forze dell'ordine specializzate* Mercoledì, 9 gennaio 2013.

della Convenzione internazionale di Instanbul che sostiene l'attività di prevenzione di questi reati e la necessità della protezione delle vittime, prima, durante e dopo il processo. In tutto ciò, noi Forze dell'Ordine, ci limitiamo ad acquisire le notizie, a fare le comunicazioni dovute all'Autorità Giudiziaria e ad attendere ulteriori disposizioni da Quest'ultima. Tante volte, io, come chissà quanti altri miei colleghi, ci sentiamo impotenti davanti a tutto ciò, nel vedere magari ancora in giro la persona che è stata denunciata, che ancora vive sotto il tetto coniugale o che comunque vive una vita serena e tranquilla magari continuando ad attuare le condotte violente, ossessive ed oppressive. Vorrei poter fare di più, vorrei poter dire alle vittime che si rivolgono a me "stai tranquilla da questo momento sei al sicuro, ti proteggiamo noi!", ma non posso farlo, mentirei a me stessa e tradirei la fiducia che con tanta fatica queste donne hanno riposto in me. Non posso farlo perché se non è il giudice ad emettere un provvedimento restrittivo nei confronti di quella persona, io, arbitrariamente non posso farlo, salvo appunto i casi di flagranza di reato che prevedono l'arresto immediato. Per quanto riguarda lo svolgimento del processo invece, fondamentale sarebbe ricorrere all'incidente probatorio, sempre e comunque, per tutti i reati che riguardano le violenze, dando la possibilità anche alla vittima di richiedere la possibilità di utilizzare questo strumento per poter raccogliere la propria testimonianza senza sottoporsi all'obbligo di incontrare e affrontare il proprio carnefice durante il processo. Attualmente questo tipo di atto processuale può essere richiesto solo dal P.M. e dall'imputato, e viene utilizzato per legge a tutela delle vittime minori, ma come appena detto, dovrebbe essere esteso a tutte quelle vittime di reati come quelli di cui si sta parlando, per evitare di far sentire ancora una volta la vittima, umiliata e imbarazzata nel raccontare davanti a tutti in aula, cosa ha dovuto subire.

Abbiamo accennato poc'anzi al fatto che, la violenza domestica, è strettamente connessa anche ad un altro tipo nuovo di reato, finalmente classificato e riconosciuto come tale ormai da qualche anno. Stiamo parlando degli "atti persecutori", indicati generalmente con il termine *stalking*.[20] Questo termine racchiude una moltitudine di atteggiamenti, riconducibili genericamente a molestie di vario tipo, delle quali possiamo tracciare i contorni generali.

*I protagonisti principali sono individuabili nel "persecutore", nella vittima e nella relazione che instaura tra i primi due, supportata da una solida base si ansia e paura, vissuta tutti i giorni e in tutti i momenti dalla*

---

20 Parola anglosassone che letteralmente significa "fare la posta".

*vittima.*

*I comportamenti persecutori sono definiti come "un insieme di condotte vessatorie, sotto forma di minaccia, molestia, atti lesivi continuati che inducono nella persona che le subisce un disagio psichico e fisico e un ragionevole senso di timore".*

*Affinché si possa configurare questo reato non è necessaria la presenza e l'esistenza di un fatto reato singolo ma bensì, la ripetitività di quelle azioni nel tempo. Se non vi è appunto un susseguirsi di minacce, di appostamenti, di telefonate, di e-mail, ecc., non si può parlare di stalking. Lo stalking può presentare una durata variabile, da un paio di mesi fino a coprire un periodo lungo anche anni.*

*Lo "stalker" è colui che perseguita incessantemente con vari atti la propria vittima, spesso per recuperare il rapporto dopo essere stati lasciati, oppure solo per vendicarsi di essere appunto stati lasciati. Altri invece lo*

*fanno solo per costringere quella persona ad intrattenere ed instaurare una relazione con loro, per svariate motivazioni. Nel caso di Lucia per esempio, donna dedita soltanto al lavoro dalla mattina alla sera, questa si ritrova a subire la persecuzione del marito, anche solo per gelosia inesistente o per il pretesto di farla stare male. Il confine fra corteggiamento e stalking, all'inizio, può essere non compreso , ma diventa significativo quando limita la "libertà morale" della vittima, facendola vivere in un continuo stato di allerta e timore per la propria incolumità.*
*Lo stalking può anche però esistere non solo nei legami sentimentali ma anche in ambiti lavorativi o scolastici. L'evoluzione delle condotte persecutorie risulta nel tempo ambivalente: a momenti di apparente sottomissione e disperazione si alternano atti improntati all'odio e a un'aggressività manifesta.*

*Nostro compito, quindi dei Carabinieri o di tutte le Forze dell'ordine, potrebbe essere anche quello di dare dei consigli su come debba essere affrontato questo tipo di violenza, anche se data la varietà delle condotte e dei soggetti che ne sono interessate, è molto difficile stilare una sorta di "strategia" di difesa.*
*Si può tuttavia consigliare di non sottovalutare l'atteggiamento di qualcuno che pretende di essere presente in qualche modo nella nostra vita contro la nostra volontà. Quindi assumere principalmente la consapevolezza di ciò che ci sta accadendo. Ricordarsi che è necessario dire "no" in maniera ferma e decisa, evitando di cercare di capire e/o compatire la persona che ci troviamo davanti. La vittima non è in grado di aiutare il suo persecutore, può al massimo rivolgersi ad un'altra persona affinché questo possa essere aiutato. Alimentare il senso di indifferenza per*

*quanto possibile e soprattutto essere prudenti. Appuntare su un'agenda tutte le date e le ore degli incontri, dei messaggi o delle chiamate che pervengono dal persecutore, molto utile nel caso in cui dovrà essere sporta una denuncia. E, infine, se ci si accorge di essere seriamente in pericolo bisogna chiedere aiuto, chiamando per esempio il "112" o rivolgendosi al più vicino Comando dei Carabinieri.*[21]

Ho voluto esaminare anche i caratteri generali dello stalking perché spesso, è un aspetto strettamente connesso alla violenza domestica, infatti spesso accade che l'aguzzino si senta tanto padrone della vittima, da doverla controllare non solo all'interno dell'abitazione ma anche all'esterno di questa, umiliandola davanti ad altre persone e chiedendole, come accaduto

---

[21] Sito ufficiale Arma dei Carabinieri: www.carabinieri.it, pagine riservate al cittadino, in riferimento allo *stalking* e alla violenza domestica in generale.

qualche volta anche a Lucia, perché fosse uscita a fare una passeggiata con un'amica e imponendole di tornare subito a casa. È comprensibile come questo marito, così come tanti altri, mortifichi la moglie non solo tra le mura domestiche, non solo davanti ai figli che non sanno come reagire, ma anche davanti a persone estranee facendo capire a tutti che quel marito è un padrone e null'altro.

Vorrei analizzare anche alcuni aspetti giuridici che hanno apportato delle migliorie (anche se ancora troppo poche) nel nostri codici penale e di procedura penale, mediante uno schema di disegno di legge recante "Misure di sensibilizzazione e prevenzione, nonché repressione dei delitti contro la persona e nell'ambito della famiglia, per l'orientamento sessuale, l'identità di genere ed ogni altra causa di discriminazione."

Verranno qui di seguito riportati solo alcuni degli articoli che hanno aggiunto delle modifiche, quelli che a mio avviso risultano più importanti e confacenti gli argomenti fino ad ora trattati[22].

**Titolo I - Misure di sensibilizzazione e di prevenzione contro la violenza in famiglia, di genere e contro le discriminazioni**

ART. 7

*(Registro dei centri antiviolenza)*

1. Presso la Presidenza del Consiglio dei Ministri è costituito, nell'ambito delle strutture di competenza e senza oneri aggiuntivi di spesa, un Registro ove sono iscritti i centri antiviolenza che agiscono in ambito sovraregionale ovvero che operano nell'ambito di una rete con dimensione sovraregionale, con lo scopo di prestare assistenza alle vittime della violenza di genere o per ragioni di orientamento sessuale.

2. Con decreto del Ministro per i diritti e le pari opportunità sono stabilite le procedure per l'iscrizione nel registro e

---

[22] Normativa di legge estrapolata dal sito www.carabinieri.it

le modalità per documentare il possesso dei seguenti requisiti:

a) avvenuta costituzione, per atto pubblico o per scrittura privata autenticata, da almeno un anno e possesso di uno statuto che sancisca un ordinamento a base democratica e preveda come scopo esclusivo o preminente la tutela delle vittime di violenza, senza fine di lucro;

b) tenuta di un elenco degli iscritti, aggiornato annualmente con l'indicazione delle quote versate direttamente all'associazione per gli scopi statutari;

c) elaborazione di un bilancio annuale delle entrate e delle uscite con indicazione delle quote versate dagli associati e di altre entrate; tenuta dei libri contabili, conformemente alle norme vigenti in materia di contabilità delle associazioni non riconosciute;

d) svolgimento di un'attività continuativa nell'anno precedente a quello di presentazione della domanda di iscrizione;

e) non avere i suoi rappresentanti legali subito alcuna condanna, passata in giudicato, in relazione all'attività dell'associazione medesima, e non rivestire i medesimi rappresentanti la qualifica di imprenditori o di amministratori di imprese di produzione e servizi in qualsiasi forma costituite, per gli stessi settori in cui opera l'associazione.

Il registro è aggiornato annualmente, anche con la cancellazione dei centri per i quali siano venuti meno i requisiti necessari per l'iscrizione.

**Titolo II- Diritti delle vittime del reato**

ART. 8

*(Livelli essenziali delle prestazioni socio-assistenziali in favore delle persone e delle*

*famiglie vittime del reato)*

Costituiscono livelli essenziali delle prestazioni socio-assistenziali in favore delle persone e delle famiglie vittime dei delitti di cui agli articoli 572, 600-*bis*, 600-*ter*, 609-*bis*, 609-*quater*, 609-*quinquies*, 609-*octies* del codice penale, da determinarsi con decreto del Presidente del Consiglio dei Ministri, su proposta del Ministro per le politiche della famiglia, del Ministro della solidarietà sociale e del Ministro per i diritti e le pari opportunità, d'intesa con la Conferenza Unificata di cui all'articolo 8 del decreto legislativo 28 agosto 1997, n. 281:

a) l'informazione sulle misure previste dalla legge riguardo la protezione, la sicurezza ed i diritti di assistenza e soccorso delle vittime di violenza;

b) l'esistenza di servizi cui siano chiaramente attribuite le relative competenze socio-assistenziali, dotati di personale specializzato, facilmente individuabili e raggiungibili dall'utenza;

c) la previsione che i servizi siano in grado di svolgere funzioni di pronto intervento anche psicologico e di successiva presa in carico delle situazioni a medio termine, anche a fini di ricomposizione familiare;

d) l'integrazione tra i servizi, qualora ne esistano di diversi con competenze ripartite;

e) la stabilità e continuità dei servizi, siano essi pubblici o privati convenzionati, accreditati o comunque riconosciuti dalle regioni;

f) la previsione di azioni di sostegno sociale, di protezione, di supporto all'istruzione, alla formazione e all'inserimento professionale;

g) nei casi più gravi, nei quali sia nociva la permanenza in famiglia, l'inserimento delle vittime in comunità di tipo familiare per un periodo sufficiente a realizzare un progetto di reinserimento sociale.

ART. 9
*(Programmi di protezione della vittima di violenza)*
1. Le Regioni, gli enti locali e i Centri antiviolenza iscritti nel registro di cui

all'articolo 7 possono presentare, per il finanziamento da parte dello Stato sull'apposito Fondo per le politiche di pari opportunità, progetti concernenti programmi di protezione sociale e reinserimento delle vittime della violenza per ragioni di genere ovvero di orientamento sessuale che, per effetto della violenza subita, manifestano difficoltà di reinserimento a livello sociale e lavorativo.

2. I programmi di protezione sociale e reinserimento possono riguardare il soddisfacimento delle esigenze alloggiative della vittima, quanto meno con riferimento alla durata del processo penale, il reinserimento professionale, le esigenze di cura e sostegno dei figli a carico.

3. Le procedure e i criteri per l'assegnazione dei finanziamenti dei programmi di protezione sociale e reinserimento sono determinate con apposita intesa da adottarsi in sede di Conferenza Unificata.

## Titolo III – Dei delitti contro la persona e la famiglia

ART. 10

*(Maltrattamenti contro familiari e conviventi)*

1. L'articolo 572 del codice penale è sostituito dal seguente:

«Art. 572. *(Maltrattamenti contro familiari e conviventi)*. Chiunque, fuori dei casi indicati nell'articolo precedente, maltratta una persona della famiglia o comunque convivente, o una persona sottoposta alla sua autorità, o a lui affidata per ragione di educazione, istruzione, cura, vigilanza o custodia, o per l'esercizio di una professione o di un'arte, è punito con la reclusione da due a sei anni.

La pena è aumentata se il fatto è commesso in danno di persona minore degli anni quattordici.

Se dal fatto deriva una lesione personale grave, si applica la reclusione da quattro a nove anni; se ne deriva una lesione gravissima, la reclusione da sette a quindici anni; se ne deriva la morte, la reclusione da dodici a venti anni.».

ART. 13

***(Atti persecutori)***

1. Dopo l'articolo 612 del codice penale è inserito il seguente:

«612 *bis.* (*Atti persecutori*). Chiunque ripetutamente molesta o minaccia taluno in modo tale da turbare le sue normali condizioni di vita ovvero da porre lo stesso in uno stato di soggezione o grave disagio fisico o psichico, ovvero tali da determinare un giustificato timore per la sicurezza personale propria o di persona a sé legata da stabile legame affettivo, è punito, a querela della persona offesa, con la reclusione fino a quattro anni.

La pena è aumentata fino alla metà e si procede d'ufficio se ricorre una delle condizioni previste dall'articolo 339.

Si procede altresì d'ufficio se il fatto è commesso con minacce gravi ovvero nei casi in cui il fatto è connesso con altro delitto per il quale è prevista la procedibilità d'ufficio».

ART. 16

*(Modifiche al codice di procedura penale)*

1. Al codice di procedura penale sono apportate le seguenti modificazioni:

a) all'articolo 266, comma 1, lettera f), dopo le parole: « reati di » sono inserite le seguenti:

« sottrazione consensuale di minorenne, sottrazione di persone incapaci, sottrazione e trattenimento di minore all'estero, » e dopo la parola: « minaccia, » sono inserite le seguenti: « atti persecutori, »;

b) all'articolo 282 *bis*, dopo il comma 6 è inserito il seguente:

«7. I provvedimenti di cui ai commi 1 e 2 sono comunicati all'autorità di pubblica sicurezza competente, ai fini dell'eventuale adozione dei provvedimenti in materia di armi e munizioni, e ai servizi socio-assistenziali del territorio.»;

c) dopo l'articolo 282 bis è aggiunto il seguente:

«Art. 282 ter. (*Divieto di avvicinamento ai luoghi frequentati dalla persona offesa*).

1. Con il provvedimento che dispone il divieto di avvicinamento il giudice prescrive all'imputato di non avvicinarsi a luoghi determinati abitualmente frequentati dalla persona offesa.

2. Qualora sussistano ulteriori esigenze di tutela, il giudice può prescrivere all'imputato di non avvicinarsi a luoghi determinati abitualmente frequentati da prossimi congiunti della persona offesa o da persone con questa conviventi.

3. Quando la frequentazione di tali luoghi sia necessaria per motivi di lavoro, il giudice prescrive le relative modalità e può imporre limitazioni.

*4.* Il provvedimento è comunicato all'autorità di pubblica sicurezza competente, ai fini dell'eventuale adozione dei provvedimenti in materia di armi e munizioni, e ai servizi socio-assistenziali del territorio.».

In conclusione, questo piccolo racconto, quest'analisi del fenomeno di violenza domestica, vorrebbe essere un monito e un campanello d'allarme ancora più forte per tutti coloro che hanno anche il minimo sentore che ad una persona vicina possa accadere una cosa del genere. Spingere SEMPRE la vittima a denunciare perché chi picchia una donna, una compagna o una moglie la prima volta, lo farà anche una seconda e una terza, fino a rendere la situazione e il rapporto irrecuperabile.

Non credete alle false promesse, chiedete aiuto a chi è lì per voi, rivolgetevi ai Comandi dei Carabinieri, senz'altro qualcuno potrà darvi una mano, ascoltarvi e capirvi.

# Profili giuridici di difesa dei diritti delle donne e dei minori
## di Romina Amicolo[*]

### *La repressione del femminicidio quale strumento di prevenzione del femicidio*

La violenza di genere, per trovare adeguate forme di tutela, che spazzino dalla repressione alla prevenzione, deve essere posta in relazione con la protezione dei diritti umani e la tutela della salute delle donne e dei minori. Il feminicidio è l'atto finale del ciclo della violenza maschile contro le donne, di cui rappresenta l'apice[23]. I dati dell'anno 2012 parlano chiaro: una donna uccisa ogni due giorni e mezzo. Da un fidanzato o un marito incapace di vivere senza di lei o di accettare la

---

\* Avvocato, Dottore di Ricerca in Filosofia del Diritto

23 Argentieri S., Prefazione, in: Hirigoyen M-F., *Sottomesse – La violenza sulle donne e nella coppia*, Einaudi, Torino, 2006.

richiesta di maggiore libertà e autonomia. 115 vittime dall'inizio dell'anno e, di queste, 74 vittime di mariti e fidanzati. L'affermazione della relatrice Onu Rashida Manjoo, secondo cui la violenza domestica è la prima causa di morte per le donne tra i 16 e i 44 anni in Italia, confuta il senso comune e la rappresentazione mediatica[24] secondo cui il feminicidio riguarda determinate culture altre rispetto a quella occidentale ovvero si collega esclusivamente a situazioni di disagio sociale e marginalità culturale. I dati mostrano che la violenza contro le donne ed anche il suo atto più estremo, il feminicidio, si iscrive nell'ambito dei "normali" rapporti e conflitti tra uomo e donna: i maggiori fattori di rischio per la donna di essere vittimizzata per

---

24 Bertolino M., *Privato e pubblico nella rappresentazione mediatica del reato*, in: Forti G., Bertolino M. (a cura), *La televisione del crimine*, Vita e Pensiero, Milano, 2005.

femicidio sono rappresentati da luoghi e situazioni ritenute sicure, quali l'abitazione propria o della famiglia e la relazione coniugale o di coppia.

La diffusione, il radicamento e soprattutto il carattere trasversale della violenza contro le donne pone la necessità di individuare adeguate forme non solo di repressione del feminicidio, ma anche di prevenzione. Se il feminicidio è infatti l'apice del processo di violenza contro le donne, prevenirlo significa individuare le modalità attraverso cui "bloccare" l'*escalation* di violenza contro le donne[25].

Un primo passo è il chiarimento terminologico[26]. Il termine feminicidio indica la forma estrema di violenza di

---

25 Baldry A., *Dai maltrattamenti all'omicidio. La valutazione del rischio di recidiva e dell'uxoricidio*, Franco Angeli, Milano, 2006.

26 Bandini, T., Gatti, U., Marugo, M.I., Verde, A., *Criminologia - Il contributo della ricerca alla conoscenza del crimine e della reazione sociale*, Milano, Giuffrè, 1991.

genere, utilizzato per la prima volta da Diana Russel nel 1976, nella campagna per la costruzione di un tribunale internazionale sui crimini contro le donne, che culminò nel meeting a Bruxelles per la denuncia di tutte le forme di discriminazione e oppressione subite dalle donne a tutte le latitudini. Il termine femicidio viene precisato da Diana Russel che, nel 1992, insieme a Jill Radford, lo utilizza per indicare *ogni uccisione di una donna commessa da un uomo per il fatto di essere una donna, evidenziandone la natura di fatto sociale.*
L'uso del termine "maschi" e "femmine", in luogo del termine "uomini" e "donne", è stato determinato dalla volontà di includere nel termine femicidio anche l'uccisione di bambine o giovani ragazze, perpretrata altresì da maschi giovani o di minore età, e sempre motivata dall'esercizio di forme di potere e dominazione degli uni sulle

altre[27]. Anche sul piano terminologico si è voluto evidenziare, in tal modo, lo stretto nesso che sussiste tra la violenza a danno delle donne e quella sui minori. Decisivo al fine di elaborare ed implementare efficaci strumenti giuridici e culturali volti a contrastare i fenomeni di violenza contro le donne è capire lo stretto nesso che sussiste tra il femicidio ed il femminicidio[28]. Il femicidio, l'uccisione di una donna, è la forma più estrema di violenza contro le donne, atto finale di un ciclo di atti persecutori, che rientrano nel femminicidio, ossia la violenza contro le donne in tutte le sue forme, miranti ad annientarne la soggettività sul piano psicologico, simbolico, economico e

---

27 Danna D., *Ginocidio. La violenza contro le donne nel mondo globale,* Milano, Eleuthera, 2007.

28 Spinelli B., "Femicide e Feminicidio: nuove prospettive per una lettura gender oriented dei crimini contro donne e lesbiche", in *Studi sulla Questione Criminale,* anno III, n.2, 2008.

sociale, che solitamente precede e può condurre all'omicidio di genere. L'inasprimento della pena e l'ampliamento delle ipotesi di reato è sicuramente utile per contrastare il femicidio. Ma perché aspettare che le donne siano uccise prima di intervenire? Perché non individuare strumenti adeguati di prevenzione del femicidio, volti a scongiurare e contrastare il femminicidio, in tutte le sue forme, sia di violenza psicologica che fisica?

D'altra parte il rapporto tra femminicidio e femicidio non è unidirezionale, ma biunivoco. Non è soltanto la lotta contro il femminicidio che previene il femicidio, ma anche l'analsi, la ricostruzione e lo studio dei casi di femicidio[29], può aiutare nella

---

[29] Celesti, R., Ferretti, G., *L'omicidio volontario nell'ambito della famiglia. Casistica del settorato medico legale genovese nel quindicennio 1968-1982*, in *Rassegna di Criminologia*, N. 16, 1984; Costanzo S., *Famiglie di sangue–Analisi*

diagnosi e nella prognosi di quei fenomeni di violenza contro le donne che molto spesso sono sottovalutati e semplicisticamente ricondotti alla sfera dei "problemi coniugali o di coppia", dei quali è meglio non occuparsi, in quanto inerenti alla sfera intima, privata e familiare.

## *Gli strumenti di prevenzione e di repressione della violenza di genere*

La lotta contro il femminicidio e quindi ogni forma di violenza contro le donne passa attraverso la presa d'atto che il femicidio è un delitto che avviene per ragioni di genere e che ha come vittima la donna perché è donna, in cui l'uccisione di donne e bambine avviene per ragioni misogine o sessiste, per

---

*dei reati in famiglia*, Milano, Franco Angeli, 2003; Di Girolamo, F., Nesci, D.A., *L'uxoricidio in Italia*, in *Rassegna Penitenziaria e Criminologica*, N. 1-2, 1980.

rafforzare il dominio maschile appropriandosi del corpo dell'altra, intesa come oggetto e non come persona, fino al punto di sopprimerlo. Elemento tipico della fattispecie del femicidio è, nella maggior parte dei casi, una relazione di intimità e conoscenza tra vittima ed autore[30].

L'aspetto decisivo che occorre sottolineare per attuare una politica normativa che realmente sia in grado di prevenire il femicidio è la stretta e spesso occultata vicinanza che lega il femicidio con il femminicidio. Molto spesso è difficile definire, nella ricostruzione degli episodi di violenza contro le donne, conclusisi tragicamente, il confine tra femicidio e femminicidio, trattandosi di una *escalation* di violenza che trova la sua

---

30 Di Nicola P., Relazioni famigliari tra "cura" e "incuria": quando la famiglia genera malessere, in: Fassino S., Delsedime N. (a cura), *La famiglia è malata?*, Centro Scientifico Editore, Torino, 2007.

comune origine in un comportamento maschile di sopraffazione, disprezzo, umiliazione che sta alla base tanto del gesto di offesa solo verbale, o fisica o sessuale, quanto dell'atto estremo di uccisione della donna[31]. Nella biografia di numerose donne vittime di omicidio è rintracciabile un percorso di violenza domestica a sua volta preceduto da una fase di isolamento della vittima, ovvero di una azione finalizzata ad allontanare e separare la coniuge o partner dalla sua rete di occupazioni, interessi, riferimenti, affetti, amicizie e conoscenze, allo scopo di renderla più vulnerabile e quindi poter esercitare comportamenti violenti nei suoi confronti[32].

La consapevolezza scientifica, prima, e

---

31 Palermo, G.B., Palermo, M.T., *Affari di famiglia – Dall'abuso all'omicidio*, Roma, Edizioni Magi, 2003.

32 Piacenti F., Identikit degli omicidi in famiglia, in: De Pasquali P., *L'orrore in casa – Psico-criminologia del parenticidio*, FrancoAngeli, Milano, 2007

sociale e culturale poi, dello stretto legame che esiste tra femicidio e femminicidio, offre il vantaggio di poter ampliare la categoria del femicidio, comprendendovi anche le uccisioni di donne cagionate non già da atti diretti a tal fine, ma risultanti da atti di prevaricazione e dominazione, tra cui rientrerebbero il contagio da aids o le mutilazioni genitali, che Russel chiama "femicidio di massa".
Se il femicidio è l'atto finale di un ciclo di violenze fisiche e psichiche che la donna subisce, è possibile, l'identificazione dei fattori di rischio di femicidio e la conseguente messa in campo di strumenti di prevenzione. Si è dimostrato infatti che l'idea del femicidio come gesto passionale non prevenibile né prevedibile sia priva di fondamento, mentre è invece possibile riconoscere le situazioni in cui sussiste un concreto pericolo che si realizzi attraverso l'utilizzo di fattori di rischio. Tra questi ricordiamo i più comuni

strumenti per la prevenzione del rischio, elaborati in Usa[33] ed in Canada[34]: *Danger Assessment*, ODARA (*Ontario Domestic Assault Risk Assessment*), SARA (*Spousal Assault Risk Assessment*). Si tratta di strumenti che, solitamente tramite un questionario sottoposto alla vittima o compilato dall'operatrice, consentono la misurazione del livello di gravità dei singoli episodi di maltrattamento e quindi la pericolosità della situazione. In Italia è stata utilizzata la procedura SARA, messa a punto in Canada, ed utile soprattutto per valutare in modo scientifico la pericolosità del soggetto ed il rischio di recidività. In ragione di questo nesso tra femminicidio e femicidio, la prevenzione del femicidio

---

33 Torrey E.F., *Out of the shadows: Confronting America's mental illness crisis*, JohnWiley, New York, 1997.

34 Brewer V.E., Paulsen D., *A comparison of US and Canadian findings on uxoricide risk for women with children sired by previous partners*, in *Homicide Studies,* 3(4), 1999.

si è basata sull'esame delle caratteristiche degli autori, confrontando gli autori di comportamenti violenti letali con quelli che non hanno portato alla morte della donna.

Fondamentale nella prevenzione del femicidio e del femminicidio è la creazione di Commissioni di studio sui femicidi, sul modello di quelle create negli Stati Uniti ed in Canada. Tali commissioni sono composte da esperti di diversa formazione che, con un approccio interdisciplinare, esaminano in profondità il contesto sociale, psicologico, familiare dei casi di femicidio per elaborare strumenti di prevenzione. All'azione delle Commissioni, quale ad esempio il *Violence Death Review Commettee* dell'Ontario, si affianca l'azione dei Centri Antiviolenza, il cui scopo non è solo contrastare la proliferazione della violenza contro le donne sul piano penale e repressivo, ma anche contribuire al cambiamento dei modelli culturali e dei rapporti tra generi, nella consapevolezza che il femicidio ed il femminicidio non sono solo delitti e quindi fatti aventi una rilevanza penale, ma anche fenomeni sociali, culturali e psicologici.

L'aumento delle pene e la previsione di nuove fattispecie di reato non è una politica normativa sufficiente per contrastare il femminicidio e il femicidio. A riprova di ciò basta la constatatazione che in materia di violenza contro le donne e più in generale di maltrattamenti in famiglia, c'è una certa riluttanza alla denuncia, se non altro, per paura, per mancanza di alternative abitative ed economiche da parte della donna. A tali considerazioni, sul piano processuale, si aggiunge la constatazione che alcune forme di violenza, quali quella psicologica sono difficilmente dimostrabili, per la difficoltà di produrre prove, quali testimoni del fatto, ovvero verbali di politizia e referti medici.

A tutto ciò si aggiunga la considerazione dei tempi della giustizia: nell'ipotesi del delitto di maltrattamenti in famiglia tra la commissione del reato e la sentenza definitiva non appellabile di secondo grado passano, secondo l'ISTAT, in media 76 mesi. A ciò si deve aggiungere l'eventualità del ricorso in Cassazione. Ed allora i tempi si dilatano a dismisura. Al problema della lunghezza dei tempi di giustizia si aggiunge la considerazione dei provvedimenti da adottare nelle more del giudizio. Qui la riforma legislativa è stata provvidenziale con la previsione, contenuta nella legge n. 154 dell'8 aprile 2001 (Misure contro la violenza nelle relazioni familiari), non solo di nuove figure di reato, ma soprattutto con la previsione dell'allontanamento dalla casa familiare dell'autore dell'abuso (art. 1), e di specifiche prescrizioni disposte dal giudice "qualora sussistano esigenze di tutela dell'incolumità della persona offesa o dei prossimi congiunti". Così, per esempio, al famigliare violento può farsi divieto di "avvicinarsi a luoghi determinati ovvero a luoghi normalmente frequentati dalla persona offesa, in particolare il luogo di lavoro, il domicilio della famiglia di origine o dei prossimi congiunti".

Tuttavia il problema è ancora una volta assicurare la concreta osservanza della misura cautelare adottata dal giudice. Il dato allarmante è che in caso di maltrattamento fisico commesso in famiglia, a danno di donne e bambini, per cui è iniziata l'azione penale, l'autore finisce in carcere in meno di 10 casi su 100.

Il problema non è quindi di severità della pena, ma di efficacia ed efficienza del sistema penale.

Una normativa del Parlamento europeo del 1986 stabiliva che dovrebbe esistere un posto in un centro antiviolenza ogni

10 mila abitanti, ma da noi al Sud d'Italia e nelle isole questi sono quasi assenti.

La Spagna nel dicembre 2004 ha promulgato la legge più avanzata in materia - la *Ley orgànica de medidas dee protecciòn integral contra la violencia de género* - che prevede la costituzione in ogni zona cittadina di un servizio specifico, la costituzione di 430 sezioni giudiziarie per il fenomeno della violenza "di genere", che ha potenziato le forze di polizia con 1.120 agenti dedicati alla protezione delle donne maltrattate, che ha previsto che l'aggressore perda la patria potestà e la possibilità di detenere armi, che contempla fra l'altro la teleassistenza e il "braccialetto" per i partner violenti.

Altro ostacolo da superare è la riluttanza delle Forze dell'Ordine ad interferire nelle liti familiari cui talora essi indulgono: ben lungi dal limitarsi ad esortare le donne alla sopportazione ovvero dar vita a fenomeni di *dual arrest* – cioè, in caso di chiamata per una lite in famiglia, con equanimità degna di miglior causa, si arresta vittima e colpevole -, le donne che hanno subito una violenza e si recano presso un commissariato di Polizia o una stazione dei Carabinieri devono poter contare su persone preparate ed esperte, che sanno quello che devono fare, che sanno distinguere una 'lite in famiglia' che non comporta necessariamente un rischio di *escalation* di violenza o di violenze gravi o addirittura letali, dai casi di maltrattamenti.

La posizione cruciale delle forze dell'ordine richiede che si investa nella loro formazione, attraverso dei corsi in cui acquisiscono adeguate competenze nell'intervenire sul campo a difesa delle donne che si rivolgono loro per fenomeni di violenza e maltrattamenti.

Nè va taciuta l'incidenza che nei

fenomeni di violenza contro le donne ha la malattia mentale[35] soprattutto se non assistita di mariti e partners. Mancano in questi ambiti strumenti efficaci di protezione delle donne, che consentano una diagnosi precoce e tempestiva di soggetti affetti da patologie, quali la ludopatia[36], che possono dare luogo a fenomeni di violenza domestica[37].

Un adeguato sistema guridico di tutela delle donne contro i fenomeni di violenza deve partire dalla presa d'atto che il femicidio, come il femmicidicio

---

35 Borasio, V., "Omicidio e rapporto di coppia", in *Rassegna di Criminologia*, Vol. XIII, N. 1, 1982.
36 Merzagora Isabella, Colombo, M.C., *Il gioco d'azzardo: profili psichiatrici, sociologici, criminologici* in *Trattato della responsabilità civile e penale in famiglia*, Cedam, Padova, 2004.
37 Bertolino M., L'infermità mentale al vaglio delle Sezioni Unite, *Diritto penale e processo*, n. 7, p. 853, 2005.

non sono "fulmini a ciel sereno"[38], ma sono già l'effetto di situazioni in cui, grazie ad un'analisi attenta, è possibile cogliere i segnali di una violazione dei diritti delle donne, che solo un intervento tempestivo, efficace ed efficiente, può prevenire e reprimere.

*La Convenzione Nazionale "No More!" e i recenti interventi normativi*

Contrastare la violenza di genere significa, quindi, operare una scelta politica unitaria di mobilitazione della società civile e di responsabilizzazione delle istituzioni. È questa la consapevolezza che ha indotto le associazioni nazionali che lavorano sulla violenza contro le donne a redigere e lanciare, a partire dal 25 Novembre 2012, la Convenzione Nazionale "No More!", illustrata dalla

---

38 Roia F., Prefazione, in: Baldry A., *Dai maltrattamenti all'omicidio. La valutazione del rischio di recidiva e dell'uxoricidio*, Franco Angeli, Milano, 2006.

Presidente dell'UDI di Napoli Stefania Cantatore, il 07 Dicembre 2012, nell'ambito del Ciclo di Seminari su La Tutela dei Minori.

Superare le tendenze socio-culturali che minimizzano o addirittura giustificano la violenza di genere e rappresentano donne e uomini in maniera sessista, secondo gli stereotipi imposti dai media e dall'industria pubblicitaria, significa promuovere un cambiamento radicale di cultura e mentalità, attraverso, non soltanto campagne di sensibilizzazione locali e nazionali a contrasto della violenza maschile, rivolta a tutta la popolazione e in particolare agli uomini, ma anche l'inserimento, come auspicato dalla Convenzione "No More!", nella didattica delle scuole e nell'offerta formativa dei corsi di laurea universitaria a indirizzo sociale, medico, legale, storico e politico, di corsi e cicli di seminari aventi ad oggetto i temi della discriminazione e della violenza di genere. L'impegno delle scuole e delle università a non adottare libri di testo che veicolino pregiudizi di genere nel linguaggio e nei contenuti significa promuovere e radicare nel mondo accademico e scientifico la consapevolezza che il feminicidio, la forma estrema della violenza di genere, è una figura di reato in senso tecnico.

Se la violenza maschile sulle donne non è una questione privata, ma politica ed un fenomeno di pericolosità sociale per donne e uomini, bambini e bambine, non la si può – sottolinea la Convenzione "No More!"- semplicisticamente liquidare come un "fenomeno occasionale". Sulla base di tale presupposto teorico, la stessa Convenzione sottolinea la mancanza in Italia di "una rilevazione dei dati sistematica, integrata ed omogenea in materia di violenza sulle donne su tutto il territorio nazionale, da parte dei diversi servizi coinvolti (es. forze dell'ordine, pronto soccorso, servizi socio-sanitari). Tali dati sono indispensabili per valutare l'entità del fenomeno e soprattutto per approntare politiche adeguate e determinare una corretta informazione dei mass media".

Solo una sistematica e scientifica conoscenza della violenza di genere consente la predisposizione di una efficace tutela.

Nei casi di violenza domestica agita sulle donne e assistita o subita dai figli, La Convenzione "No More!" chiede che la legge vieti l'affido condiviso tra i due genitori e che venga applicato come prassi l'affido esclusivo al genitore non violento; che sia vietato l'utilizzo della sindrome di alienazione parentale (PAS) in ambito processuale ed extraprocessuale"; e soprattutto che sia assicurata la liquidazione definitiva del danno cagionato dalle violenze, assicurando meccanismi risarcitori effettivi".

La prevenzione della violenza di genere è fondamentale. Per tale motivo è necessario agire non soltanto attraverso la predisposizione negli uffici giudiziari di sezioni specializzate in materia di violenza di genere, ma anche, come auspicato e richiesto dalla Convenzione "No More!", assicurando "un'adeguata formazione, attraverso la competenza delle donne, che da anni lavorano per prevenire e contrastare il fenomeno, per le forze dell'ordine ( Polizia di Stato, Carabinieri) e dell'esercito; per il personale dei pronti soccorso, per i servizi sanitari e socio sanitari, per i medici di base e tutti i servizi territoriali; per tutto il personale dei servizi sociali compresi quelli dedicati all'immigrazione; per la magistratura, l'avvocatura, i pubblici ministeri, e il personale dei tribunali civili, penali e minorili; per i giornalisti e gli operatori dell'informazione nei mass – media".

Le risposte che la politica ha offerto alle pressioni esercitate dal movimento delle donne negli ultimi anni per la predisposizione di adeguati strumenti di tutela contro la violenza di genere sono stati molto parziali. Con la legge n. 77 del 27 giugno 2013 l'Italia ha ratificato e dato esecuzione alla Convenzione sulla prevenzione e il contrasto alla violenza sulle donne e alla violenza domestica adottata a Istanbul, dal Consiglio d'Europa, l'11 maggio 2011, la quale ha sancito che la violenza contro le donne è una violazione dei diritti umani a tutti gli effetti e nasce dalla discriminazione sociale nei loro confronti. Tuttavia il Governo Italiano, l'8 agosto 2013, di fronte all'impennata di casi di violenza di genere che si susseguono da un capo all'altro della Penisola, si è limitato a varare un decreto legge contro il femminicidio, contenuto in una serie di norme sulla sicurezza. È questo il segno più evidente che la violenza a danno delle donne continua ad essere considerata una questione di ordine pubblico o, tutt'al più di allarme sociale, invece che, come pure sancito nella

Convenzione di Istanbul, una violazione dei diritti umani delle donne. Viene in tal modo sostanzialmente negato lo spirito di una Convenzione, composta di 81 articoli, che rappresenta il primo strumento internazionale in grado di vincolare giuridicamente gli Stati alla tutela dei diritti delle donne. L'utilizzazione dello strumento giuridico della decretazione d'urgenza, adottato dal Governo Italiano, tradisce l'obiettivo affermato dal Consiglio d'Europa, di predisporre un quadro normativo completo, che sia in grado di prevenire qualsiasi forma di violenza contro le donne, compresi gli abusi subiti tra le mura domestiche.

Continua pertanto a persistere in Italia, nonostante la ratifica della Convenzione di Istanbul, la mancanza di un sistema di interventi organici contro la violenza di genere, tra soggetti istituzionali e centri antiviolenza, lavoro di rete, sostegno alle vittime, interventi di sensibilizzazione nelle scuole e nelle università. Il legislatore italiano continua a predisporre interventi di carattere esclusivamente repressivo, quale la previsione dell'aggravante nei casi di violenze commesse alla presenza di minori, con la finalità di tutelare maggiormente i minori in caso di violenza assistita. Si tratta di un elemento sicuramente positivo, che rappresenta la presa d'atto, da parte del legislatore italiano, della inscindibilità della posizione della donna rispetto a quella dei minori, in tema di violenza di genere. Ad ulteriore conferma di ciò, è opportuno considerare la modifica che la l. n. 172/2012, di ratifica ed esecuzione della "Convenzione di Lanzarote per la protezione dei bambini contro abuso e sfruttamento sessuale", ha apportato alla fattispecie dei maltrattamenti ex art. 572 c.p., che è stato riformulato sin dalla rubrica, ora intitolata "Maltrattamenti contro familiari o conviventi", in luogo della precedente "maltrattamenti in famiglia o verso fanciulli". Tale riformulazione della fattispecie di maltrattamenti è stata considerata, da parte della dottrina, quale perfezionamento del suo orientamento teleologico che tuttavia "la renderebbe più distante, in realtà, da un progetto di salvaguardia specifica del minore"[39].

A nostro giudizio la nuova rubrica, evidenzia, per l'ipotesi dei maltrattamenti contro familiari o conviventi, sul piano del diritto positivo, quel nesso tra la posizione della donna e del minore che da tempo la psicologia come le scienze sociali, sostengono, nell'ipotesi di violenza di genere. Il maltrattamento ha luogo tra familiari e conviventi e in tali ipotesi, distinguere la posizione della donna

---

39 Vallini A., *Nuove norme a salvaguardia del minore, della sua libertà (integrità) sessuale e del minore nella "famiglia"* in *Diritto penale e processo*, 2/2013, pag. 151, Ipsoa, Milano.

rispetto a quella dei minori, quali soggetti passivi del reato di maltrattamenti, è pressoché impossibile. Il novero dei soggetti passivi è stato ulteriormente ampliato, aggiungendo i conviventi e recependo, in tal modo, un consolidato orientamento giurisprudenziale.

La modifica della rubrica del reato di maltrattamenti assume rilievo anche sotto il profilo dell'applicabilità dell'art. 572 c.p. al *mobbing*. La collocazione dell'art. 572 c.p. tra i delitti contro la famiglia e proprio la sua vecchia rubrica costituiscono la pietra angolare di quell'interpretazione giurisprudenziale che ne limiterebbe l'area di applicabilità ai casi di *mobbing* in cui il rapporto mobilizzante/mobilizzato assume il carattere della parafamiliarità, che sussiste solo nelle ipotesi assolutamente marginali della collaboratrice domestica, del garzone di bottega e dell'impresa familiare.

In realtà se, alla luce anche della Convezione di Lanzarote, la fattispecie dei maltrattamenti non può essere assolutamente considerata come una norma a protezione del "bene" famiglia[40], ma a tutela di "soggetti deboli", quali paradigmaticamente i minori e le donne, l'art. 572 c.p. tutela, per la sua stessa fisionomia, accanto ai rapporti famigliari, altri rapporti sociali qualificati, perché il suo fondamento è quello di evitare che una delle due parti abusi di questa relazione e la distorca a finalità riprovate dall'ordinamento, quale quella di far soffrire inutilmente il soggetto che confida sul corretto svolgimento della relazione, sia essa familiare, di convivenza, parafamiliare, o anche, sociale qualificata.

In tema di maltrattamenti, come pure di

---

40 Parodi C., *Mobbing e maltrattamenti alla luce della legge n. 172/2012 di ratifica ed esecuzione della Convenzione di Lanzarote*, Diritto Penale Contemporaneo, 19.11.2012, www.dirittopenalecontemporaneo.it.

molestie, le norme urgenti approvate contro il femminicidio, introducono novità positive rispetto alla denuncia e all'obbligatorietà dell'arresto in flagranza. Inesistenti tuttavia, rimangono i percorsi che consentano alle donne, attraverso strumenti di sostegno psicologico, legale e anche economico, di sganciarsi dalla relazione violenta, allontanandosi dal pericolo e tutelando i loro figli.

Il problema della violenza di genere su donne e minori non si risolve sopprimendo la volontà della donna attraverso lo strumento della irrevocabilità della querela, dal momento che l'obiettivo di una legislazione sulla violenza di genere strutturata e non d'urgenza, dovrebbe essere non la condanna penale di chi la violenza ha già commesso, ma la prevenzione e la cessazione di ogni violenza. In tal senso l'autore della violenza, l'uomo, non andrebbe più semplicisticamente considerato come l'autore di un reato, da punire e condannare, in quanto "maltrattante", ma un soggetto che deve essere preso in carico, al fine di interrompere l'*escalation* dei maltrattamenti.

La complessità dei fenomeni di violenza di genere su donne e minori richiede un intervento organico, in cui la prevenzione sia un obiettivo decisivo, al pari della repressione, nella consapevolezza che non si tratta di allarme sociale, ma di tutela dei diritti umani, nell'affermazione di una uguaglianza sostanziale e non solo formale di donne e minori.

www.ingramcontent.com/pod-product-compliance
Ingram Content Group UK Ltd.
Pitfield, Milton Keynes, MK11 3LW, UK
UKHW022208230426
12048UKWH00016BA/719